**Susanne Meyer**

# Intarsien für Jedermann

# Arbeiten mit Holzfurnier

Mit 141 Abbildungen
davon  61 in Farbe

© 2009 Susanne Meyer
Herstellung und Verlag: Books on Demand GmbH, Norderstedt
ISBN 978-3-8370-3795-1
Umschlaggestaltung und Layout: Susanne Meyer

# Inhalt

# Vorwort

Eigentlich sollte an dieser Stelle als Einleitung die Geschichte der Intarsienkunst stehen, aber da sie in vielen Büchern zu Intarsien schon mehr oder weniger ausführlich behandelt wurde, erspare ich mir diesen Teil.

Der Anstoß zu diesem Buch erfolgte, als ich immer mehr Fragen bezüglich dem Umgang mit Furnier erhielt und feststellte, wie viele Menschen gerne Furnier verarbeiten möchten, aber über keinerlei Grundwissen verfügen.

Gedacht ist dieses Buch für alle, die der Schönheit und Vielfältigkeit von Furnier, den Juwelen der Natur, verfallen sind.
Für alle, die den Wunsch verspüren, sich selbst in der Kunst der Intarsien zu versuchen.
Für alle, die keinen Anfang wagen, weil ihnen das nötige Grundwissen in der Furnierverarbeitung fehlt.
Und für alle, die vor dem Anfang zurückschrecken, weil sie einen großen Aufwand befürchten.

# Wie ich zu den Intarsien kam

Als ich vor einigen Jahren eine Umschulung zur Tischlergesellin machte, geschah das unter dem Aspekt, möglichst viel Umgang mit dem wunderschönen und vielseitigen Werkstoff Holz zu haben.
Leider sah die Realität nach der Lehre dann anders aus und ich begann, mich mit diesem Wunsch in meiner Freizeit zu beschäftigen.

Nun hat man auch als Tischlergesellin nicht gerade die finanzielle Möglichkeit, sich die schönsten Massivhölzer nur für das Hobby zu kaufen oder den notwendigen Maschinenpark und Platz Zuhause zur Verfügung, um groß in die Holzbearbeitung einzusteigen.
Unter diesem Aspekt griff ich zur „Notlösung", dem Furnier. Begonnen hat es mit einfachen Furnieren wie Buche, Ahorn oder Eiche, die relativ leicht und preiswert zu bekommen waren, und der Herstellung von kleinen Schränkchen und Regalen.

Aber immer mehr verfiel ich den vielen verschiedenen Holzarten mit ihren unzähligen Farben und Erscheinungsbildern besonders der Maserfurniere. Ich entdeckte die vielen Möglichkeiten der Gestaltung durch natürliche Farben und Maserbild.
Dies war dann der Schritt in die Intarsienarbeit.

Natürlich könnt Ihr Euch jetzt sagen, dass ich als Tischlergesellin schließlich eine Ausbildung in diese Richtung genossen habe und es für Laien ganz anders aussieht, aber tatsächlich ist es so, dass in der Ausbildung in einem Kurs nur das Grundwissen in der Verarbeitung von Furnier vermittelt wird. Alles andere habe ich mir durch positive oder negative Ergebnisse selbst erarbeitet, so wie es jedem möglich ist.

Dazu gehören auch viele kleine Tricks und Improvisationen, die sich mit der Zeit ergaben und über die ein  Intarsientischler wohl nur den Kopf schütteln würde. Aber eben dadurch werden Intarsien mit minimalem Aufwand für jeden „hobbyfähig".

Diese eigenen Erfahrungen möchte ich weitergeben, um allen Interessierten den Einstieg vielleicht ein wenig zu erleichtern.


## 1.  Die Ausstattung

In einem Fachbetrieb für Furnierarbeiten stehen für jeden Arbeitsgang Maschinen oder aufwendige Werkzeuge zur Verfügung. Das ist nötig, damit die Arbeit schnell geht, ansonsten
wären Intarsien unbezahlbar. Selbst „einfache" Intarsien benötigen sehr viel Zeit.
Wir begnügen uns für den Anfang mit einer einfachen, sehr kostengünstigen Ausstattung, bei der jeder Arbeitsschritt reine Handarbeit ist und wir die Entstehung unseres Kunstwerkes Schritt für Schritt in vollen Zügen genießen können.

## 1.1  Für die Intarsie:    *(Foto nächste Seite)*

1.  **Alu-Lineal, Anschlagschiene:**  um einzelne Furnierblätter aneinander zu fügen (Furnier stürzen), benötigt man zum Schneiden einer sauberen Kante einen geraden Anschlag für Das Messer. Am besten eignet sich hier eine Schiene oder ein Lineal aus Aluminium, dessen Anschlagkante etwas dicker ist zur sicheren Führung des Messers.

2.  **Furniermesser:**  zum schneiden des Furniers. Alternativ ein Klingenmesser.

3.  **Furniersäge:**  (nicht auf dem Foto) zum Fügen einzelner Furnierblätter. Sie ist nicht zwingend erforderlich, weil dieser Vorgang auch mit dem Furniermesser (Klingenmesser) getätigt werden kann.

4.  **Set kleiner Schnitzmesser:**  diese kleinen Messer ziehe ich dem Furniermesser vor, wenn es um die Ausarbeitung kleiner Einlegearbeiten geht oder bei unregelmäßige Konturen,  z.B. Wellenlinien

5.  **Unterlage:**  als Schneidunterlage eignet sich eine stärkere Sperrholzplatte (Multiplex) oder PVC-Bodenbelag. Wie groß sie ist, ist dem eigenen Ermessen überlassen.

6.  **Fügband/ Fugenband/ Fugenpapier:**  zum Verbinden der einzelnen Furnierabschnitte. Es gibt gelochtes und ungelochtes Fügband. Der Vorteil von gelochtem Fügband ist, dass man sehen kann, ob die Naht überall geschlossen ist. Alternativ Kreppband

7.  **Pinn-Nadeln:**  als Hilfe beim Aneinanderfügen von mehreren Furnierblättern

8.  **Kohlepapier:**  zum Übertragen von Entwürfen auf das Grundfurnier

9.  **Bleistift und Radierer**

## 1.2 Für das Furnieren  *(Foto nächste Seite)*

10. **Weißleim, Farbroller mit Schaumstoff-Rolle:** zum Leimauftrag auf die zu furnierende Fläche

11. **Zollstock, Bleistift**

12. **Trägerplatte:** Spanplatte, Schichtholzplatte, Sperrholz, Vollholz, MDF

13. **Zeitungspapier/ weißes Papier oder Moosgummi:** Ausgleich von Dickenunterschieden verschiedener Furniere beim Pressen.

14. **Presse/ Schraubzwingen:** zum Aufleimen des Furniers/ der fertigen Intarsie auf den Plattenwerkstoff. Näheres unter Punkt **5.4**

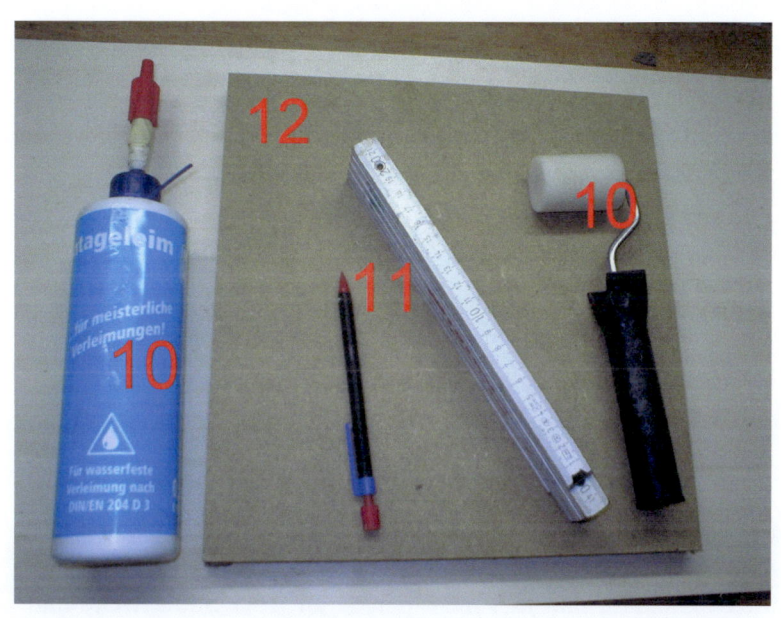

## 1.3  Für die Endbehandlung

| 15. | **Schleifklotz und Schleifpapier (100 und 240 Körnung)/ Schleifschwamm oder Maschinen** | |
|-----|------|------|
| 16. | **Feile:** | Säubern von Kanten |
| 17. | **Säge:** | Zuschnitt des Furnierträgers |
| 18. | **Messer** | |
| 19. | **Winkel** | |
| 20. | **Bügeleisen:** | „Erste Hilfe" bei kleinen Unregelmäßigkeiten. |

## 1.4 Das Furnier

Furnier bekommt man nun nicht gerade an jeder Straßenecke und auch selten im Baumarkt. Für Intarsien benötigt man auch nur kleine Mengen, also wäre der Gang zu einem Furnierhändler übertrieben.

Für den Anfang empfehle ich, einfach mal im Internet bei Ebay oder anderen Auktionsseiten hineinzuschauen unter dem Stichwort „Furnier" oder „Intarsien". Manchmal werden dort schon kleine Furnier-Sets für Intarsien angeboten.
Auch ich beziehe 90 % meines Furniers von dort, dabei unbedingt immer auf die Bewertungen achten, denn gute Qualität erleichtert die Verarbeitung!

Vielleicht ist auch eine Tischlerei in der Nähe oder ein furnierverarbeitender Betrieb, manchmal kann man auch dort kleine Reste bekommen, ebenso wie Fügband.

Am Anfang sollte man nicht unbedingt sofort Riegel-, Maser- oder Wurzelfurniere verwenden. Abgesehen davon, dass sie wesentlich teurer sind, sind sie auch schwerer zu verarbeiten. Ein wenig Übung mit einfachem Furnier wäre da von Vorteil, wobei Buche, Erle, Kirschbaum, Nussbaum und Ahorn angenehm zu verarbeiten sind. Je gröber die Holzstruktur (Eiche, Wenge, Kiefer), desto schwieriger ist ein sauberer Schnitt. Furniere wie Makassar und Königsholz sind sehr hart.

Bei Furnieren, die in ihrer Maserung deutliche Farbzeichnungen aufweisen (z.B. Zebrano, Königsholz) sollte man damit rechnen, dass die einzelnen Färbungen auch eine unterschiedliche Härte aufweisen, was das saubere schneiden sehr erschwert.

<u>Furnierblätter sollten flach (nicht auf dem Boden), kühl (ca. 10-15°C), trocken (55-65 % Luftfeuchtigkeit) und dunkel gelagert werden. Die Reihenfolge im Furnierpaket (Buch) nicht ändern!</u>

Nachfolgend verschiedene Maserungen von Furnieren:

Furnier „Streifer, Friese"

Furnier „Blume"

Furnier „Riegel"

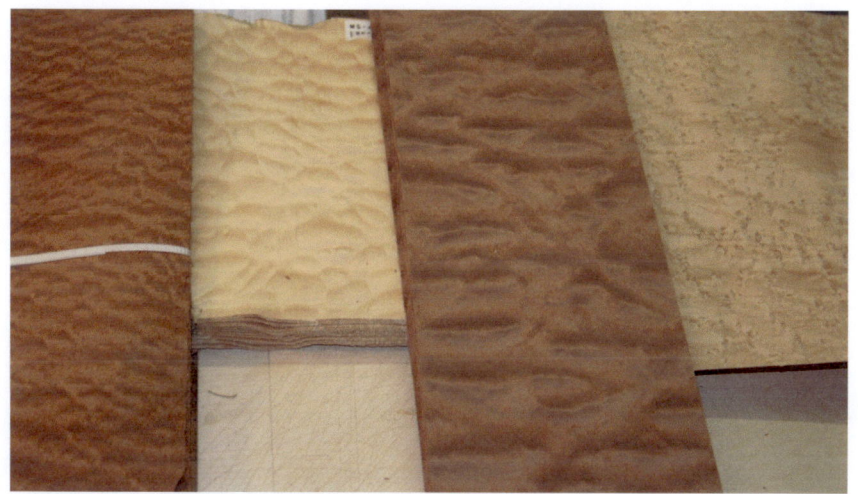

Furnier „Pommele" und Vogelaugenahorn (rechts)

Maser-Furnier

Nicht aufgeführt sind hier Rundschälfurniere aus normalen Stämmen (Maserfurniere werden meist auch rundgeschält). Diese weisen in der Regel eine sehr unnatürliche, unruhige Maserung auf und werden als Unterfurniere verwendet.

Zusätzlich zu den vielen Furniersorten besteht noch die Möglichkeit, Furnieradern zu verarbeiten. Furnieradern kann man in den verschiedensten Dekoren fertig kaufen, sie sind jedoch nicht billig.

# 2. Und nun geht's los!!!

## 2.1 Das Fügen

Das Fügen ist einer der wichtigsten Schritte bei der Arbeit mit Furnier. Ob einfach nur mit einer Furniersorte eine Platte furnieren oder in irgendeiner Form Intarsien schneiden, es taucht in verschiedenen Formen wieder auf. Deshalb sollte es geübt werden, bevor man sich an größere Projekte heran macht.
Häufig kommt es vor, dass die einzelnen Furnierblätter nicht die Breite haben, die wir benötigen. In diesem Fall werden 2 aufeinander folgende Furnierblätter aus einem Buch/ Paket zusammengefügt.

Im Regelfall geschieht dies im „Spiegeleffekt", das heißt, das zweite Blatt wird nur umgeklappt wie eine Buchseite (stürzen). So liegen die Seiten mit der gleichen Maserzeichnung wie ein Spiegelbild aneinander.

Der Nachteil ist, dass bei den Furnieren je nach Lichteinfall ein Blatt heller oder dunkler wirkt wie bei zwei Teppichstücken, die seitenverkehrt aneinandergelegt wurden.

Es kann auch Blatt an Blatt gelegt werden (verschieben), ohne das Furnier zu wenden. Dies geht aber nur bei streifigem Furnier, wenn eine natürliche Wirkung erzielt werden soll.

Auf den beiden Bildern auf der Vorseite mit leicht geriegeltem Ahorn Furnier ist dieser Effekt abgebildet. Auf dem ersten Bild sind die Furnierblätter gestürzt, dort sieht man, dass die Bereiche, die auf dem linken Blatt hell erscheinen, auf dem rechten Blatt dunkel wirken.
Auf dem zweiten Foto sind die Furnierblätter verschoben, ohne das Furnier zu wenden. Auf beiden Blättern sind die Bereiche gleich schattiert.

Es wird immer mit einer geraden Anzahl von Blättern gearbeitet, damit an beiden Seiten des Werkstücks später das gleiche Maserbild vorhanden ist. Dies gilt sowohl für die Breite, als auch für die Länge.

Beispiel: Sind die Furnierblätter jeweils 10 cm breit und unser Werkstück 30 cm, so wäre dies mit 3 Furnierblättern abgedeckt, links und rechts wären jedoch unterschiedliche Furnierbilder. In diesem Fall nimmt man 4 Furnierblätter und mittelt sie auf dem Werkstück aus, so dass links und rechts ein gleicher Überstand des Furniers über der Trägerplatte entsteht.

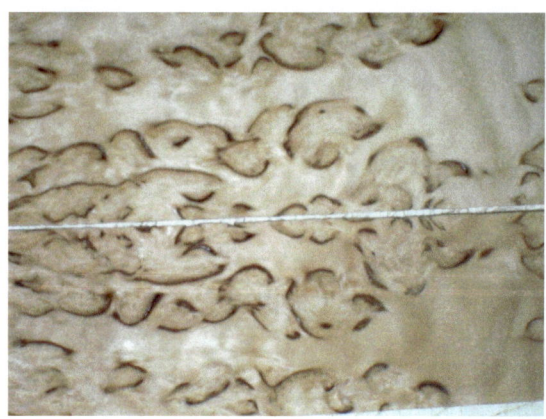

Hier als Beispiel 2 Blätter vom Birke Maser Furnier.
Sollte dieses Muster nun für ein größeres Werkstück benötigt werden, müssten noch einmal 2 Furnierblätter in der Breite und Länge angefügt werden.

Bevor die beiden Blätter jedoch zusammengesetzt werden, ist das so genannte „fügen" nötig. Die beiden aneinander stoßenden Seiten müssen exakt gerade sein um eine fast unsichtbare Verbindung einzugehen. Dabei muss bei deutlich sichtbarer Maserung, z.B. bei blumigem oder Maser Furnier, darauf geachtet werden, ob der Abstand von besonders markanten Stellen zur Fügkante nicht zu unterschiedlich ist, damit die Maserung später übereinstimmt (siehe Foto Birke Maser oben).

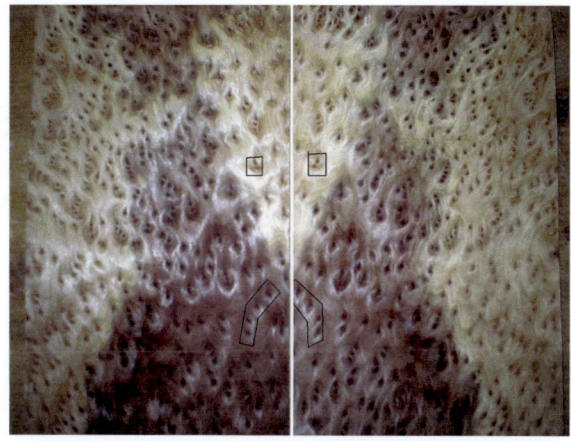

Bei dem Vavona Maser Furnier liegen z.B. die beiden markierten Punkte auf dem linken Blatt etwa 1 cm mehr nach innen, hier müsste also dieser cm mehr abgeschnitten werden, damit das Bild beim Zusammensetzen stimmt.

Für das Fügen verwenden wir das Lineal oder die Anschlagschiene. Sie wird auf dem Furnier ausgerichtet und fest auf die Unterlage gedrückt.

Messer oder Säge mit mäßigem Druck im Faserverlauf des Furniers an diesem Anschlag so oft entlang ziehen, bis das Furnier durchtrennt ist. Dabei darf der Anschlag auf keinen Fall verrutschen. Wer ganz sicher gehen möchte, spannt ihn an beiden Enden fest.

Langholz/ Faserverlauf/ Länge

Hirnholz/ quer zur Faser/ Breite

Wird Furnier in der Länge, also an den Hirnholzseiten gefügt, muss das Furnier am Auslauf Schnittes zuvor etwas eingeschnitten werden, damit es nicht auseinander reißt. *(Abb. Nächste Seite)*

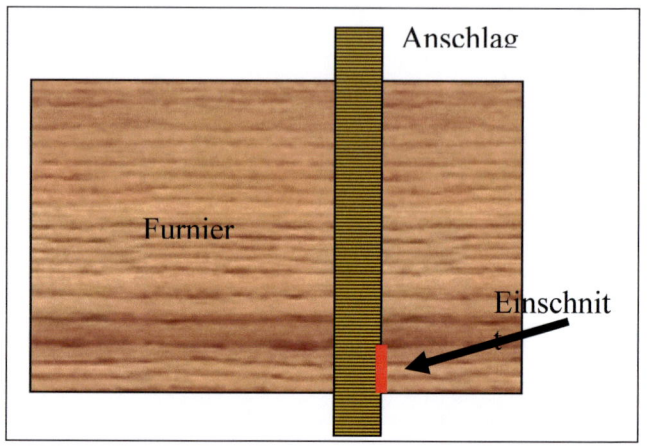

Hirnholzseiten sollten bei der Lagerung und besonders bei der Bearbeitung gegen einreißen gesichert werden, indem man sie mit Klebeband überklebt.

**TIPP:** Manchmal ist das Furnier wellig. Ich habe gelernt, es dann anzufeuchten und zu pressen, bis es wieder trocken ist. Nicht immer hatte ich damit Erfolg, manche Furniere bekamen nach kurzer Zeit wieder die gleichen Wellen wie vorher.
Normales Furnier wird durch den Druck vom Anschlag längs der Faser problemlos flach gepresst. Quer zur Faser können die Enden aber reißen. Bei Maserfurnieren ist das nach allen Richtungen so, sie sind zusätzlich meist noch sehr brüchig und es können Teile in der Fläche rausbrechen. Ebenso splittern sie schnell an der Kante beim Schneiden aus. Ich besprühe mit einer einfachen Blumenspritze das Furnier mit einem leichten Wassernebel und wische sofort mit einem Tuch nach, um es gleichmäßig zu verteilen. Dadurch wird das Furnier geschmeidiger.

Sehr sparsam mit dem Wasser sein, denn Furnier dehnt sich bei Feuchtigkeit aus, besonders in der Breite. Lieber noch einmal den Vorgang wiederholen, wenn es noch nicht reicht. Das Anfeuchten hilft auch beim Fügen von besonders spröden und brüchigen Furnieren wie Eukalyptus Riegel.

Wenn das Furnier angefeuchtet ist, hält allerdings kein Kreppband mehr, es muss vor dem Zusammenkleben der Blätter wieder trocknen. Fügband ist kein Problem.

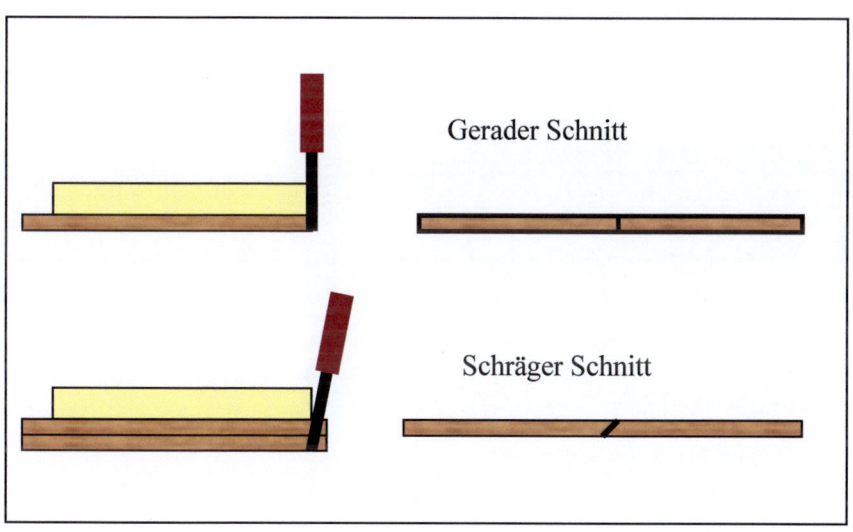

Schneidet man die Blätter einzeln, sollte der Schnitt senkrecht erfolgen. Bei beiden gleichzeitig kann das Messer auch leicht schräg, vom Anschlag wegkippend, geführt werden. So ist das Furnier gleichmäßig „hinterschnitten" und beim Aufklappen schiebt sich die eine Schräge Kante unter die andere.

Bei Mustern, die vorwiegend aus Furnierstreifen bestehen, ist ein sauberer Fügschnitt ebenfalls notwendig.

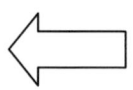

Das Furnierblatt, bzw. mehrere Blätter mit dem Anschlag auf die Unterlage pressen, so dass ein kleines Stück hervorschaut und schneiden (fügen).

Wenn sich eine saubere Naht ergibt, können die Blätter ausgerichtet und zusammen gefügt werden. Hierfür benötigen wir die Pinn-Nadeln.

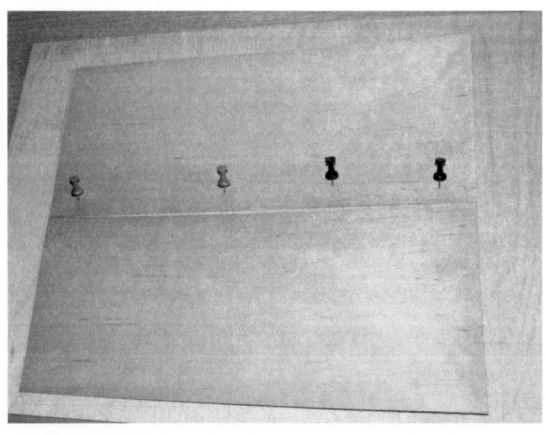

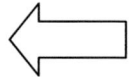

Eines der Blätter wird entlang der Naht in einem Abstand von ca. 2 cm von der Kante mit einigen Nadeln auf der Unterlage festge- steckt, so dass es flach aufliegt und nicht verrutschen kann.

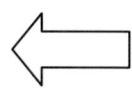

Die Nadeln werden dabei nicht senkrecht durch das Furnier gestochen, sondern schräg, so dass die Fasern im Faserverlauf leicht aufreißen. Bei senkrechtem Durchstechen würden zu große Löcher entstehen, die später besonders bei hellem Furnier zu sehen sind.

Nun wird das zweite Blatt nach der Maserung ausgerichtet, fest an das erste Blatt angelegt und ebenso festgesteckt.

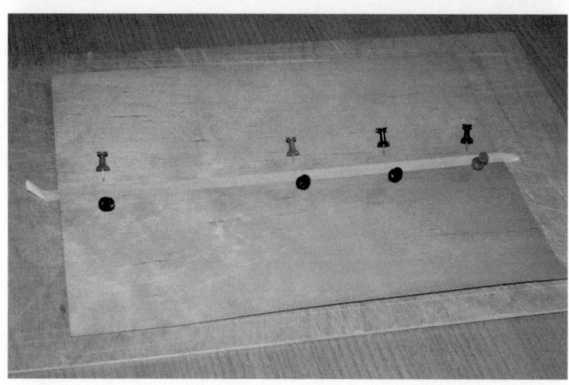

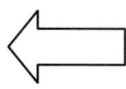

Ist die Naht der Blätter auf ganzer Länge geschlossen, wird sie mit angefeuchtetem Fügband überklebt.

 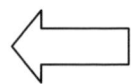

Erst die Nadeln lösen, wenn das Fügband getrocknet ist und die beiden Furnierblätter unverrückbar verbindet.

**TIPP:** Bei diesem Arbeitsgang habe ich durch Zufall, weil mein Fügband ausgegangen war, die Vorteile von ganz normalem Kreppband entdeckt. Es klebt sofort, so dass keine Arbeitspause entsteht, ist etwas preiswerter und leicht zu beschaffen. Ich verwende es inzwischen fast ausschließlich. Besonders beim Fügen der kleinen Intarsienteile später ist es sehr vorteilhaft, weil es jederzeit wieder abgelöst werden kann. Allerdings ist nicht jedes geeignet, manches hält auf dem Furnier nicht und es sollte möglichst wenig dehnbar sein. Vor allem sollte man auf Kreppband nicht mit Wärme einwirken!
Mittlerweile erspare ich mir auch den Arbeitsgang des Feststeckens, da ich das Band nun nicht mehr anfeuchten muss. Ich lege die Blätter aneinander und klebe die Naht Stück für Stück, indem die eine Hand die Blätter zusammenhält und die andere das Klebeband andrückt. Aber zuerst sollte man auf das Feststecken nicht verzichten.

## 2.2  Das Grundfurnier

Fast jedes Intarsienbild beginnt mit einem Grundfurnier. Das ist das Furnier, dass den größten Teil des Bildes oder am Schluss den Rahmen bildet.

Möglich ist auch, dass das Grundfurnier nur verwendet wird, um die Intarsie nach einer darauf befindlichen Zeichnung Stück für Stück zusammenzusetzen und hinterher ganz wegfällt wie bei dem Muster auf Seite 49. So vermeidet man, dass edles Furnier bei einem eventuellen Misserfolg beim Zusammensetzen der Intarsie verschnitten wird.
Bei diesem Schlüsselbrett ist das Grundfurnier Buche.

# 3.  Der Schnitt

## 3.1  Schnittrichtung

Je nachdem, in welchem Winkel die Schnittlinie zu Faser verläuft, ändert sich auch der nötige Kraftaufwand, das Furnier zu schneiden. Es sollte aber nicht versucht werden, möglichst starken Druck beim Schneiden auszuüben, um mit nur einem Schnitt das Furnier zu durchtrennen. Es sind im Normalfall immer mehrere Schnitte nötig.

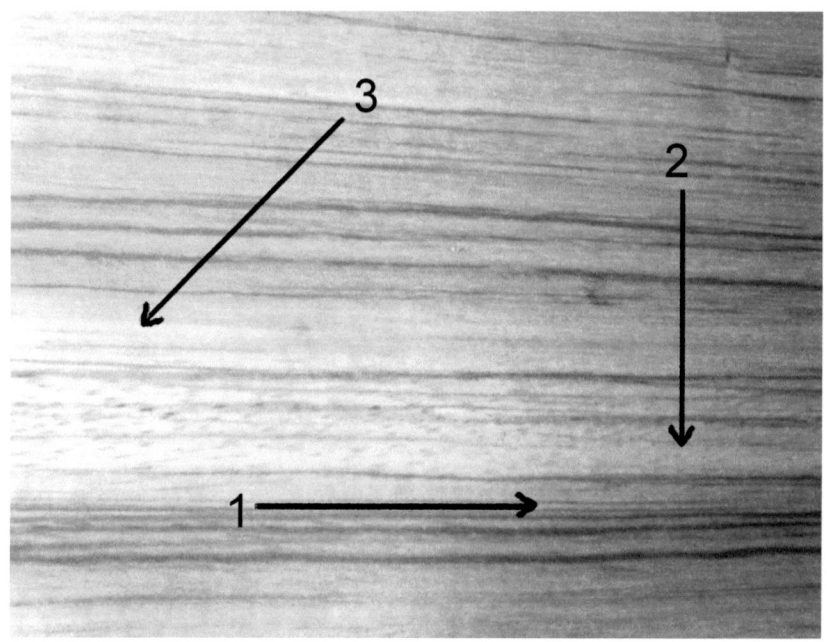

Der einfachste Schnitt erfolgt parallel mit dem Faserverlauf (Langholz) **(1)**. Hier besteht allerdings die Gefahr, dass das Messer dem Faserverlauf folgt und nicht der gewünschten Linie. Je gröber die Struktur oder je unterschiedlicher die Härte zwischen den verschiedenen Farbzeichnungen (hier Zebrano, die dunklen Linien sind sehr hart), desto schneller kann dies passieren.

Den höchsten Kraftaufwand benötigt ein Schnitt quer zur Faser (Hirnholz) **(2)**. Will man ein Furnier an den Stirnseiten fügen, sollte an der Kante, an der der Schnitt ausläuft, vorher eingeschnitten werden, damit das Furnier nicht auseinanderreißt. Dafür besteht kaum die Gefahr, dass der Schnitt aus der Richtung läuft.

Ein Schnitt schräg zur Faser **(3)** beinhaltet die Vorteile der beiden anderen Schnitte. Er erfordert weniger Kraftaufwand als der Schnitt quer zur Faser und läuft nicht wegen dem Faserverlauf aus der Richtung.

## 3.2  Messerhaltung

Die Haltung des Messers beim Schnitt der einzelnen Teile ist unterschiedlich.

Bei Mustern, bei denen Teile aneinandergesetzt werden sollen (z.B. Windrose, Spirale oder Boden/ Himmel) oder bei einem fertigen Motiv, dass anschließend in das Grundfurnier eingelegt werden soll, halte ich das Messer senkrecht.

Bei Motiven, bei denen einzelne Teile in das Grundfurnier eingebracht werden (von der Rückseite her ausgeschnitten), halte ich das Messer leicht geneigt (Griff zur Innenfläche des auszuschneidenden Teils). Wenn dann das einzufügende Furnierstück untergelegt wird, muss beim Nachschneiden die Klinge die gleiche Neigung haben, so ist die Naht praktisch wieder hinterschnitten (siehe Zeichnung bei „Furnier fügen").

Bei diesen beiden Bildern habe ich beide Schnittführungen angewendet. Die Zusammenstellung des Hintergrundes erfolgte mit gerader Messerhaltung, die schräge Messerhaltung habe ich anschließend beim Einbringen der Bäume und Vögel angewendet.

Wenn Freihand geschnitten wird, wie es bei geschwungenen Linien nicht zu umgehen ist, halte ich das Messer wie einen Stift und benutze den Ringfinger und den kleinen Finger als Stütze. Es bedarf etwas Übung, besonders für symmetrische Muster mit Rundungen, wo ein Fehlschnitt schnell ins Auge fällt.

# 4.   Die Intarsie

## 4.1   Der Faserverlauf von Einzelteilen

Für den Faserverlauf von einzuschneidenden Teilen gilt die Regel, dass die längste Ausdehnung immer dem Faserverlauf folgt. Zum einen ist das Teil dann nicht so  bruchgefährdet, zum anderen dehnt sich das Holz in der Breite mehr aus, so dass es bei größeren Teilen in der eingeschnittenen Öffnung nicht genug Platz hat und es überschobene Fugen gibt.
Ebenfalls vermeiden sollte man zu spitze Ecken, da diese leicht abbrechen.
Die Abbildung auf der folgenden Seite zeigt ein Beispiel in Form eines Streifens.

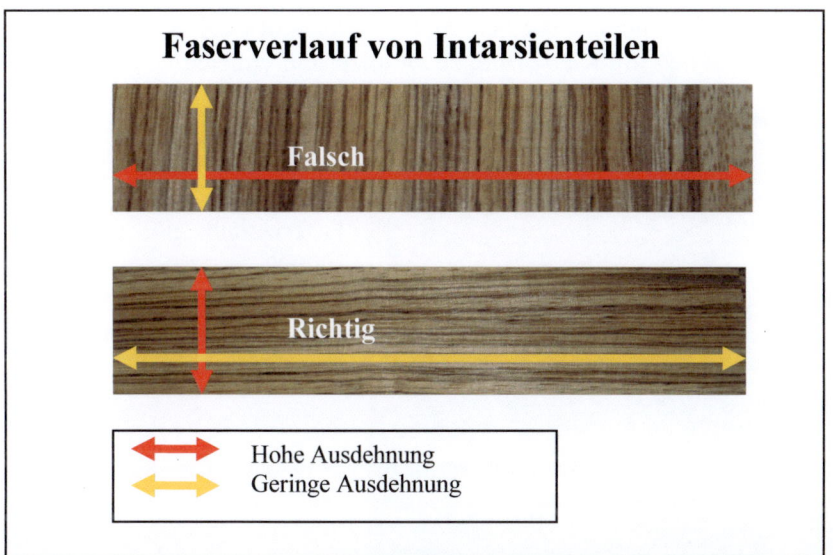

**Faserverlauf von Intarsienteilen**

Falsch

Richtig

Hohe Ausdehnung
Geringe Ausdehnung

Beides lässt sich aber nicht immer vermeiden. Bei Mustern aus Dreiecken ist immer eine Ecke bruchgefährdet.

Und ist der Faserverlauf wichtig zur Gestaltung des Bildes wie z.B. als Fellzeichnung bei der Katze auf der nächsten Seite (Wenige Furnier über den Augen), ist eine Abweichung von der Regel ebenfalls nötig.

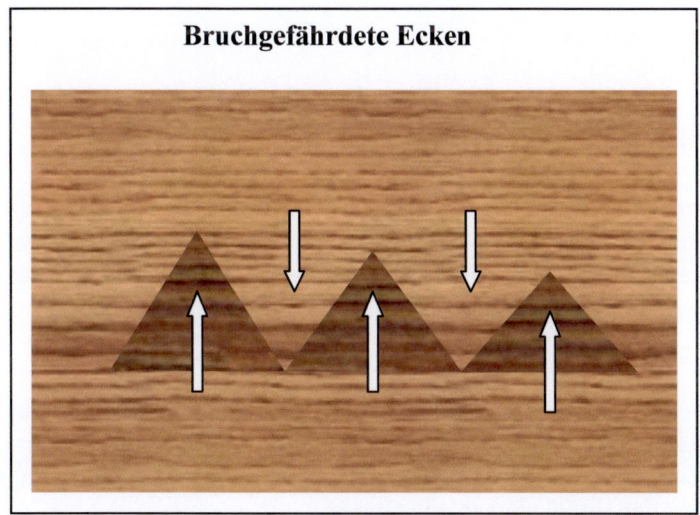

**Bruchgefährdete Ecken**

In diesem Fall hinterklebe ich mein Furnierstück an den gefährdeten Stellen komplett mit Klebeband, bevor ich es einschneide.

Schneidet man die Teile allerdings im „falschen" Faserverlauf ein, sollte man seitlich etwas mehr Luft lassen, damit das Furnier Platz hat, sich in der Breite auszudehnen.

## 4.2  Die Vorlage

Wenn man nicht auf teure fertige Entwürfe zurückgreifen möchte, die zudem nicht so leicht zu bekommen sind, kann man sich Vorlagen auch leicht selber schaffen. Geometrische Muster kann man sich per Hand oder am PC erstellen. Vorlagen von Glasmalerei oder ähnlichem sind auch möglich.

Ebenso kann man nach eigenen Fotos arbeiten, indem man mit untergelegtem Kohlepapier grob die Konturen nachzeichnet oder sie am PC in Graustufen ausdrucken lässt und mit Kohlepapier überträgt. Die Katze und der Hobel sind so entstanden.

Alle meine Vorlagen speichere ich auf PC, wo ich sie dann auf Wunsch vergrößern oder verkleinern kann.

## 4.3  Verschiedene Vorgangsweisen

Um eine Intarsie herzustellen, verwende ich verschiedene Vorgangsweisen, die abhängig sind von der Art des Musters.

Festgelegte Motive wie Muster oder Bilder, für die ich eine Zeichnung erstellt habe, übertrage ich mittels Kohlepapier (kein Blaupapier, die Farbe würde beim furnieren eventuell auf die Vorderseite durchschlagen!) auf die Rückseite meines Grundfurniers.

**Aber aufgepasst: arbeitet man von der Rückseite her, ist alles spiegelverkehrt!**

Natürlich könnte man das Muster auch auf die Vorderseite bringen, aber dann müssen alle stehen gebliebenen Striche später wieder ausgeschliffen werden.

Mit dieser Uhr habe ich meine ersten negativen Erfahrungen mit dem spiegelbildlichen Arbeiten gemacht und war froh, genau gearbeitet zu haben So konnte ich die einzelnen Zifferteile umdrehen und auf die andere Seite bringen. Natürlich musste ich nun mehr schleifen wegen der Striche.

### 4.3.1 <u>Übertragen mit Kohlepapier</u>

Viele der Arbeitsschritte im nächsten Abschnitt wiederholen sich und können auf die anderen Vorgehensweisen übertragen werden.

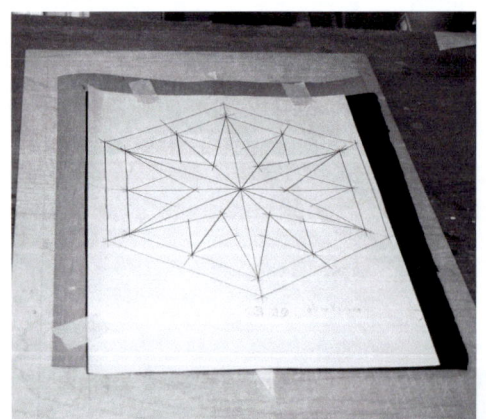

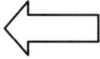

Auf das Grundfurnier (hier Erle) Kohlepapier und darauf die Zeichnung legen.
Beides mit Klebeband auf dem Furnier fixieren.

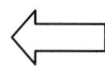

An mindestens 2 Stellen Markierungen über Zeichnung und Furnier machen, um eventuell die Zeichnung später noch einmal deckungsgleich ausrichten zu können.

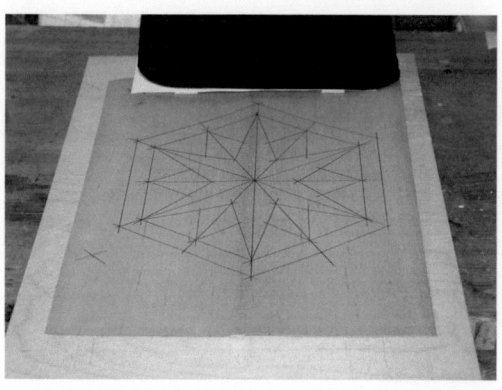

Um zu überprüfen, ob jede Linie nachgezeichnet wurde, nicht gleich alle Klebestreifen entfernen. So kann die Zeichnung hochgeschlagen und bei Bedarf wieder zurückgelegt werden, um etwas zu ergänzen.

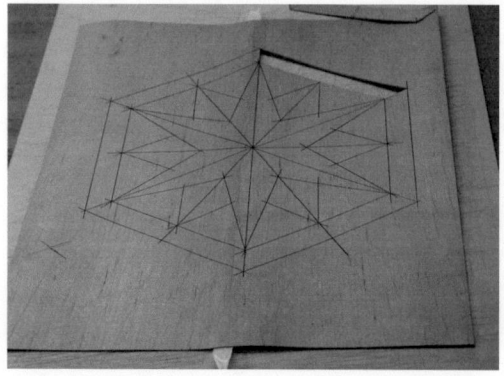

Das erste Stück aus dem Grundfurnier schneiden.
Bei geraden Linien verwende ich immer einen Anschlag.
Wo und in welcher Reihenfolge begonnen wird, liegt im eigenen Ermessen.

Ich beginne mit dem Rand. Dafür schneide ich Streifen etwas breiter als benötigt. Sie sollten aber breit genug sein, um sie beim Nachschneiden noch gut anpressen zu können (ca. 1 cm breiter).

Eine Kante schneide ich wie beim Fügen exakt gerade, und verbinde sie gleich auf der Vorderseite mit dem Grundfurnier. Das spart einen Schnitt.
Die drei anderen Seiten stehen über.

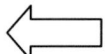

Das Furnier umdrehen…

… und mit einem Druckstück (hier benutze ich nicht das lange Lineal) die Kante vom Grundfurnier andrücken. Die noch verbliebenen 3 Kanten des Streifens entlang des Grundfurniers nach schneiden. Wichtig ist immer, dass die Kante vom Grundfurnier (Erle) fest auf das zu schneidende Furnier gedrückt wird, ich lasse jedoch ein klein wenig die Kante vom Erle Furnier hervorschauen, da ich an dieser Kante entlang schneiden will.

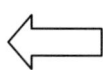

Furnierblatt umdrehen und das abgeschnittene Furnier vom benötigten Streifen entfernen. Gelegentlich hängt es noch, besonders in den Ecken, etwas an den Holzfasern zusammen. Vorsichtig nach schneiden, nicht abreißen!

Die andere Seite des Streifens mit Klebeband befestigen...

... und mit dem nächsten Teilstück des Rahmens beginnen

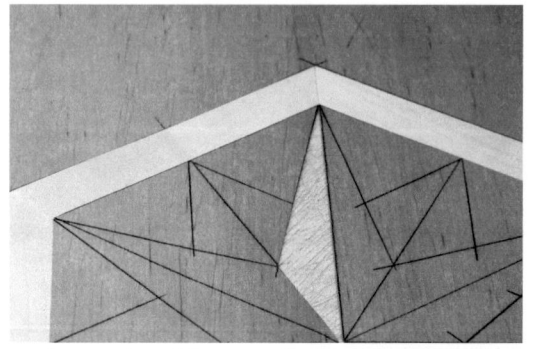

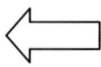

Nun beginnen wir mit der Windrose. Man sollte mit den langen Strahlen beginnen, da es ansonsten schwierig wird, bei diesen später einen geraden, sauberen Anschluss an die kurzen Strahlen zu bekommen.

Für meine Windrose habe ich Palisander und Ahorn gewählt. Dieses Furnierstück hat wieder, wie beim Streifen vom Rand, eine gefügte Kante, die ich an der Mitte des Strahles befestige.

Wie beim Rand das Grundfurnier aufpressen und die Konturen nach schneiden.
Dabei ist hier an der Ecke links Vorsicht geboten, es ist die Ecke, die schnell wegsplittern kann. Eventuell vorher mit Klebeband hinterkleben, dass dann beim einschneiden mit durchgeschnitten wird.

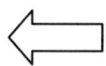

Grundfurnier drehen, so dass die Vorderseite oben liegt, und das ausgeschnittene Stück mit Klebeband sichern.
Hier wird der Vorteil von Kreppband ersichtlich. Das Stück soll sicher fixiert sein, aber später muss ein Teil des Klebebandes (unterstes Stück) wieder entfernt werden, um ein anderes Stück anzusetzen. Dann zieht man es vorsichtig wieder ab.

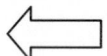

Rückseite mit der Zeichnung wieder nach oben drehen und das 2. Teilstück ausschneiden.

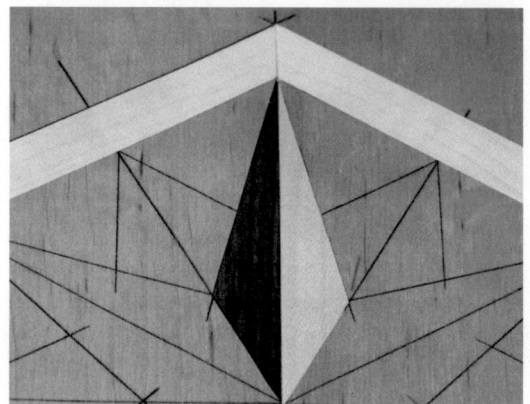

Von der Vorderseite aus mit dem Palisander Furnier verbinden und Konturen ebenfalls nach schneiden.

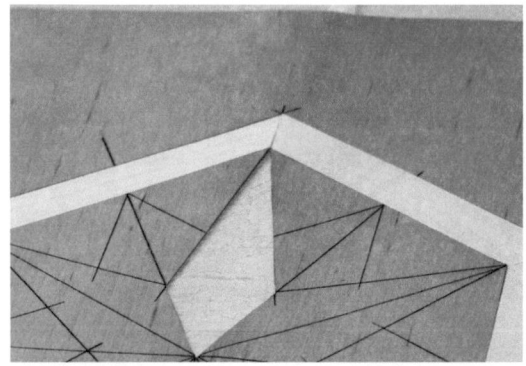

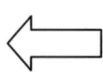

Bei einer Arbeit wie dieser Windrose mache ich es mir etwas einfacher.
Ich schneide einen ganzen Strahl aus …

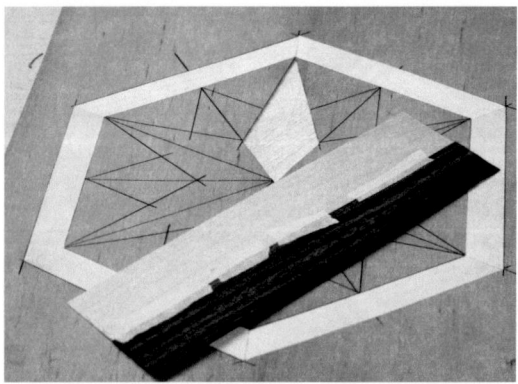

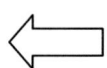

… und füge die beiden gewählten Furniere aneinander.

Anschließend richte ich es unter dem Grundfurnier im Ausschnitt so aus, dass die Fügnaht von Spitze zu Spitze läuft, fixiere es diesmal von meiner Rückseite her und schneide den Konturen nach.

Wenn die erste Hälfte des Strahls geschnitten ist, klebe ich das Klebeband auf die andere Seite, dem Palisander Furnier, und schneide auch die zweite Seite nach.
Das Furnier darf dabei nicht verrutschen!

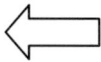

Wenn alles fertig ist, sieht die Vorderseite des Werkstücks so aus…

…und die Rückseite so.

Von der Rückseite muss alles Klebeband wieder entfernt werden, da das Furnier dort beim Pressen sonst nicht haftet.

Soll die fertige Arbeit auf einer schon weitestgehend auf Maß geschnittenen Platte aufgebracht werden, empfiehlt es sich, auf der Rückseite auch gleich die Konturen der Trägerplatte aufzureißen (siehe Kapitel „Musterzeichnung auf der Schneidunterlage"). So kann man sie nach dem Leimauftrag schnell exakt auf der Intarsie ausrichten.

Möchte man seine Windrose mit nur einem Furnier gestalten und dabei die ausgeprägte streifige Maserung des Furniers dafür einsetzen wie das Zebrano auf der nächsten Seite, dann muss jedes Teil einzeln eingeschnitten werden.

Der Furnierstreifen wird für diese Richtung des Faserverlaufs nicht an der Mitte des Strahls angelegt, sondern an der schrägen Seite. So läuft die Furnierzeichnung in der Mitte spitz zu wie der Strahl.

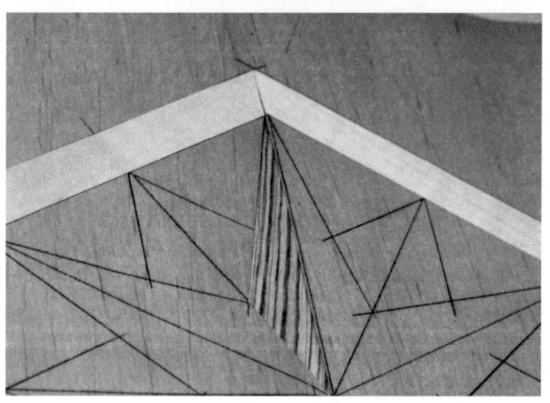

**TIPP:** Beim Schneiden von Intarsien, insbesondere bei geometrischen Mustern, kommen immer wieder Stellen vor, bei denen das Furnier leicht im Faserverlauf brechen kann. Bei dieser Windrose sind es alle seitlichen Ecken der Strahlen und einige Ecken der Erle (siehe orange Pfeile). Besonders bei dreieckigen Formen ist immer eine Ecke mit ungünstigem Faserverlauf vorhanden. Bei der Uhr in diesem Buch sind es die kleinen Ziffern, die in sich keinen Halt mehr haben. *(siehe Foto nächste Seite)*

Diese Stellen hinterklebe ich vor dem Schneiden komplett mit Klebeband, um den Bruch zu verhindern.

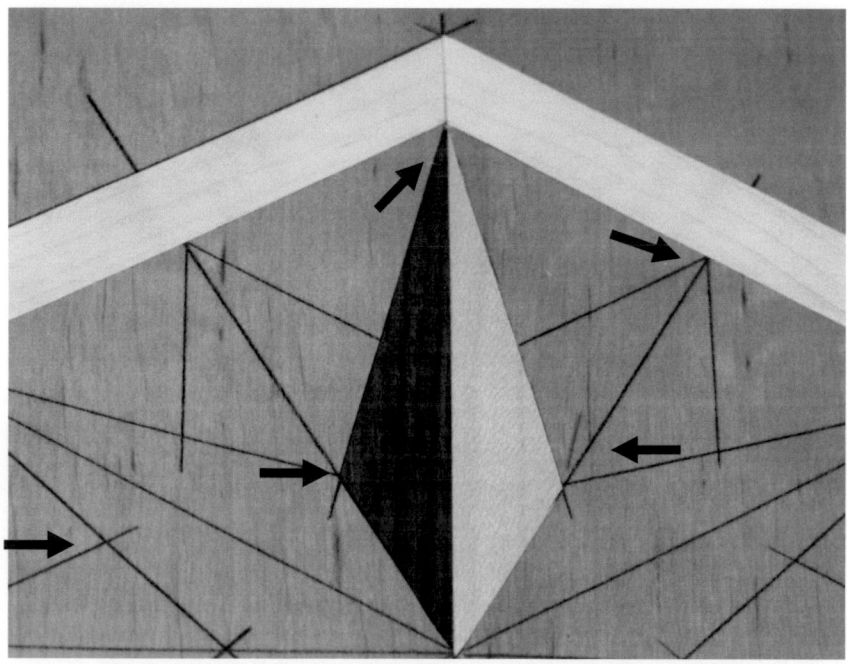

Bei der Windrose bleibt es jedem selbst überlassen, ob er mit dem Rahmen oder den Strahlen beginnt. Beides ist möglich, da alle Einzelteile eine Verbindung zum Grundfurnier haben und somit immer eine gewisse Stabilität vorhanden ist.

Bei Mustern wie den Mandalas auf der nächsten Seite oder der Katze auf Seite 25 sollte man von außen beginnen und sich dann mit dem ersten Sektor zur Mitte vorarbeiten, da sonst immer wieder Verbindungen gelöst werden müssen und leicht etwas verrutschen kann.

Anschließend geht es seitlich weiter, immer von außen nach innen. Der letzte Sektor wird von innen nach außen gearbeitet, wobei jetzt auch der Mittelpunkt eingefügt wird.

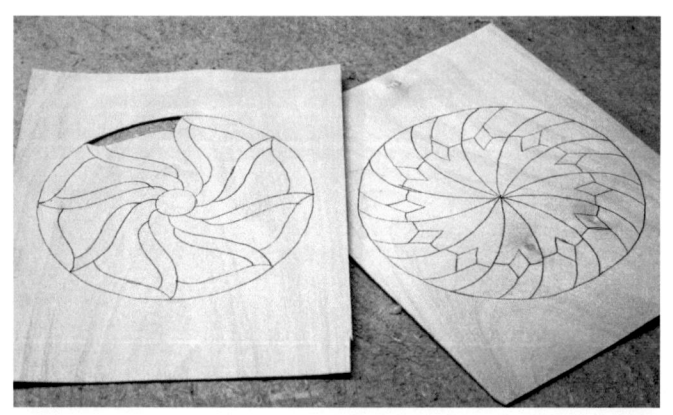

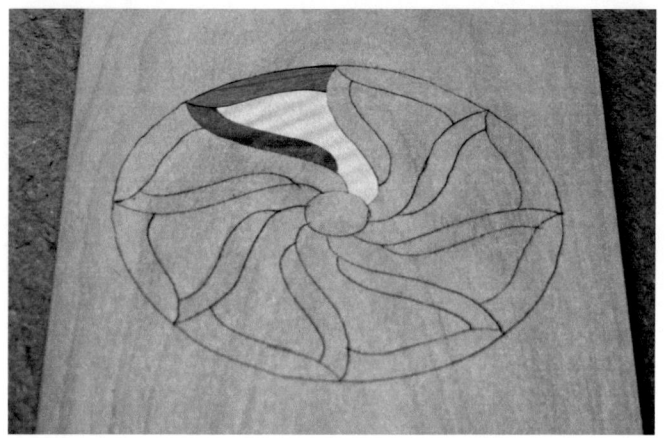

## 4.3.2 Musterzeichnung auf der Schneidunterlage

Eine Musterzeichnung auf der Schneidunterlage erstelle ich mir immer dann, wenn meine Intarsie ringförmig vom Mittelpunkt her aufgebaut ist und/ oder überwiegend aus Streifen besteht wie die Spirale in Riegel-Furnieren, die Raute aus Kiefer oder die Tür von dem Schlüsselschrank.

Im Gegensatz zur vorhergehenden Methode arbeitet man hier immer von der Vorderseite aus.

So einfach diese Muster erscheinen, setzen sie doch voraus, dass das Fügen ausgiebig geübt wurde. Je heller das Furnier, desto deutlicher ist jeder kleine Ausrutscher an den zusammengefügten Streifen zu sehen.

Bei diesen Musterzeichnungen wird die Endgröße des eigentlichen Musters festgelegt, da die Umrisse auf der Platte benötigt werden, um in der Innenfläche die Aufteilung vorzunehmen. Durch einen Randstreifen wie bei der Tür kann die Furnierfläche dann noch vergrößert werden.

Natürlich kann das Muster auch mittels Kohlepapier auf die Platte übertragen werden.

Die Zeichnung wird auf die Unterlage gebracht. Dabei müssen alle Schneidlinien verlängert sein, um durch diese Enden später für das Lineal/ den Anschlag einen Anhaltspunkt zum anlegen zu haben.

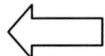

Als erstes kommt der Mittelpunkt. Er kann aus einem Stück Furnier bestehen, aus 2 Dreiecken oder, wie hier, aus 4 Stücken.
Die Stücke müssen immer untereinander verbunden und an mindestens 2 Punkten auf der Platte fixiert sein.

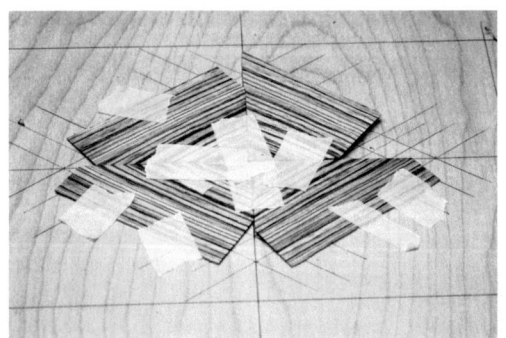

Sollten die Verlängerungen der Linien verdeckt werden, wird das Furnier rundum grob abgeschnitten.

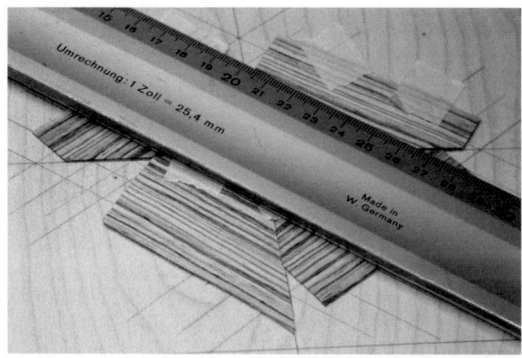

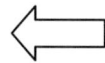

An den nun sichtbaren Enden der Linien den Anschlag anlegen und sauber schneiden. An der ersten Seite vorsichtig sein, denn hier schauen von den beiden verdeckten Teilen die Ecken hervor und es besteht die Gefahr, am Ende des Schnittes die Einzelteile auseinander zu reißen. Arbeitet man dann gegen den Uhrzeigersinn weiter, besteht diese Gefahr nicht mehr, weil die hintere Spitze schon fehlt.

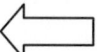

Der Mittelpunkt ist fertig.

Als nächstes werden die vorbereiteten Streifen, breiter und länger als benötigt und an einer Seite sauber gefügt, mit unserem Mittelpunkt verbunden und wieder auf der Platte fixiert.

Der Anschlag verdeckt immer das Furnier, das benötigt wird, deshalb lasse ich als Rechtshänder immer den linken Streifen über den rechten ragen, damit der oben liegende auf den unteren aufgepresst wird.

Liegt der rechte oben, wird von diesem nur das wegfallende Ende aufgepresst und sobald dieser erste Streifen durchschnitten ist, hat der Anschlag auf dem abgeschnittenen und nun losen Furnierstück keinen sicheren Halt mehr. Er würde verrutschen, bevor auch der unten liegende Furnierstreifen passgenau durchschnitten ist.

Zu Beginn können aber auch alle Streifen einzeln angelegt und auf Gehrung geschnitten werden.

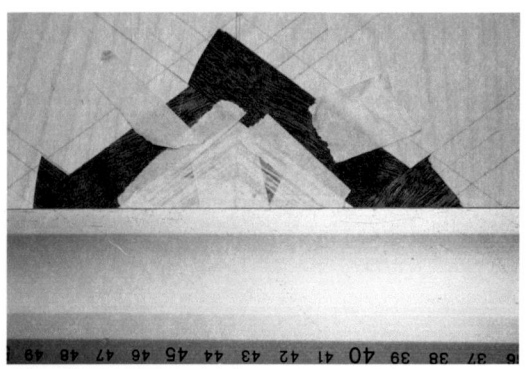

Der Anschlag wird von Spitze zu Spitze ausgerichtet und die sich überlappenden Streifen durchtrennt.
Zum Ausrichten dienen uns die hervorschauenden Linien.

Obwohl der Anschlag über beide Gehrungen reicht, sollte man immer nur eine schneiden, immer von innen nach außen, damit man nicht aus Versehen in den Mittelpunkt schneidet.

Die ersten Ecken sind auf Gehrung geschnitten, mit den anderen genauso verfahren.

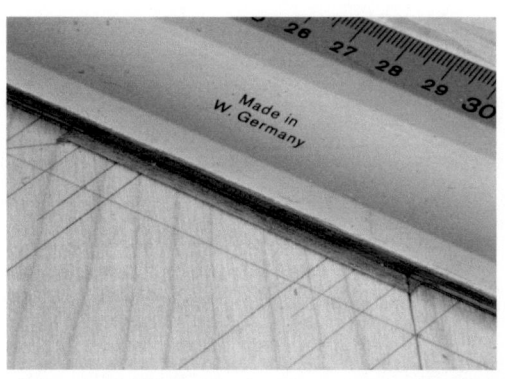

Anschließend werden die Streifen auf Breite geschnitten. Dabei sollte die Raute immer an mindestens 2 Punkten auf der Platte befestigt bleiben.

Diese Arbeitsvorgänge so oft wiederholen, wie Runden geplant sind. Natürlich kann die ganze Fläche bis in die Ecken so ausgefüllt werden.

Bei der ersten Seite wieder auf die Ecken der anderen, verdeckten Streifen achten!

Bei diesem Muster beschränke ich mich auf 3 Runden und gestalte die Ecken mit großen Stücken von dem gleichen Furnier wie den Mittelpunkt.

Verwendet man dazu Furnier mit ausgeprägter Maserung, ist wieder Genauigkeit bezüglich der Maserung geboten. Die 4 Ecken anlegen, erst wieder die Gehrungen schneiden wie bei den Streifen, dann die seitlichen Begrenzungen.

Bei diesen Stücken habe ich erst eine Seite/ 2 Stücke angepasst und auch schon den Gehrungsschnitt an den Seiten vorgenommen. Anschließend lege ich die anderen vom Streifenmuster her passend an und schneide sie nach.

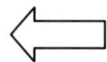

Möchte man nun noch einen Rahmen aus Streifen herum machen, kann man gleich damit fortfahren, indem man den Anschlag an den Außenlinien der Zeichnung ausrichtet, um die Kanten gerade zu schneiden.

Aber Vorsicht: wenn das Furnier so schräg an den Mittelpunkt angelegt ist wie dieses Zebrano, brechen die Außenecken weg! Sie müssen gesichert werden.

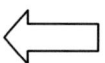

Soll das Werkstück so fertig sein, kann man es von der Unterlage lösen und die Rückseite nach vorne drehen, um das Ergebnis zu begutachten.

Ist die Platte für die Intarsienarbeit schon fertig geschnitten, empfiehlt es sich, den Umriss auf die Rückseite der Arbeit zu übertragen.

Dazu benötigen wir die Maße der Platte und die Maße des Bildes, in diesem Fall der Raute.

Länge und Breite der eigentlichen Raute von den Plattenmaßen abziehen, den Rest durch 2 teilen und vor den Spitzen der Raute dieses Ergebnis durch kleine Markierungen auf dem Zebrano Furnier festhalten.

Daran die Platte ausrichten und den Umriss aufzeichnen. Anschließend die Maße zwischen Umriss und Spitzen der Raute noch einmal kontrollieren.

Bei der Raute sollte man auch noch kontrollieren, ob die waagerechten Spitzen nach oben/ unten und die senkrechten nach links/ rechts den gleichen Abstand zum Aufriss aufweisen um festzustellen, ob die Raute wirklich genau horizontal und vertikal verläuft. Bei einem solchen Muster fällt es beim fertigen Werkstück sofort auf, wenn die Raute nicht exakt ausgerichtet ist.

### 4.3.3 <u>Vorgefertigtes Motiv einschneiden</u>

Eine weitere Methode ist, ein vorgefertigtes Motiv auf das Grundfurnier zu legen, dort zu fixieren und einzuschneiden. Dies kann, wie gesagt, ein schon fertiges Motiv oder auch ein schön gezeichnetes Stück aus einem Maserfurnier sein, bei dem die Konturen schon vom Furnier selber vorgegeben werden.
Bei dieser Vorgehensweise arbeitet man von der Vorderseite aus.

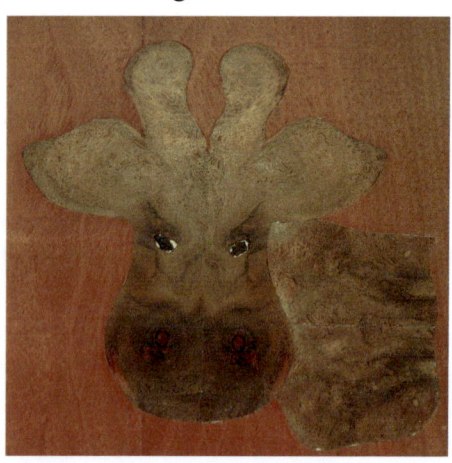

Dieses Rentier ist auf diese Weise entstanden. Der Kopf besteht aus 2 gefügten Blättern von Nussbaum Maser Furnier, dessen ausgeprägte Konturen an einer Stelle eben dieses Bild zeigten. Wobei auch die Augen und Nasenlöcher zur natürlichen Maserung gehören. Die Augen sind zwei Löcher im Furnier, in denen noch ein Aststück sitzt.

Bei diesem Baum ist zuerst der Hintergrund entstanden. Anschließend habe ich die Baumkrone aus einem Furnier herausgeschnitten und die Löcher eingefügt. Das ganze wird auf meinen Hintergrund gelegt und eingeschnitten.
Natürlich kann man die Löcher auch später ein-

schneiden und mit Furnier füllen, aber so stimmt die Maserung in den Baumlücken mit dem Hintergrund überein, läuft fließend weiter.
Als letzter Schritt sind dann in die Lücken der Baumkrone die Äste eingefügt.

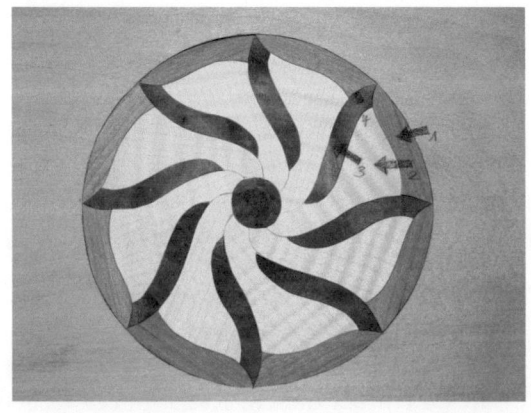

Als Beispiel für das Vorgehen habe ich das fertige runde Muster von Seite 28 genommen und lasse es jetzt in ein Grundfurnier aus Esche ein.
Ebenso könnte ich die Raute von Seite 33 oder die Windrose verwenden.

Das fertige Muster aus dem Grundfurnier herauslösen, …

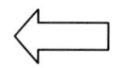

… auf dem neuen Grundfurnier ausrichten und an mindestens 3 Stellen fixieren, da zwischendurch immer ein Klebeband gelöst werden muss.

Dann wird die Kontur nachgeschnitten, indem die Kante des Musters mit den Fingern oder dem Anschlag fest auf das Grundfurnier gedrückt wird wie bei der Windrose.

Die schwierigsten Abschnitte sind die, bei denen man aus der Faserrichtung heraus (hier oben und unten vom Kreis) in den Schnitt schräg zur Faser übergeht. Schneide ich bei diesem Kreis immer rechts herum, wäre das laut Foto oben rechts und unten links, bei denen ich schräg gegen den Faserverlauf schneide.

Bei den anderen beiden Seiten läuft mein Schnitt auch schräg, aber mit dem Faserverlauf. An den beiden schwierigen Abschnitten empfiehlt es sich, den ersten Zentimeter entgegen der eigentlichen Richtung zu arbeiten.

Nachschneiden bis zum ersten Klebeband, dieses umsetzen auf den schon fertigen Abschnitt und so rundherum weiterarbeiten.

**Vorsicht, beim Umsetzen nicht verrutschen lassen!**

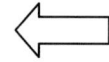

Bei einem Kreis empfiehlt es sich, Markierungen über Muster und Grundfurnier zu machen wie im Kapitel „Übertragen mit Kohlepapier", bevor man ihn wieder löst. So kann er anschließend ohne Probleme passgenau wieder eingesetzt werden.

Das Muster ablösen, noch nicht völlig durchtrennte Fasern des Grundfurniers nach schneiden und den ausgeschnittenen Kreis herausnehmen.

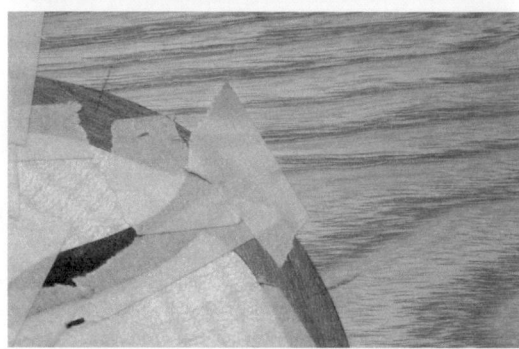

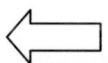

Das vorgefertigte Motiv nach den Markierungen ausgerichtet einlegen und mit dem Grundfurnier verbinden.

Das Muster ist fertig.

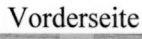

Vorderseite

Rückseite

Da Musterzeichnungen auf der Platte oder auch auf Papier mehrmals verwendet werden können, könnte man mehrere identische Muster herstellen und nebeneinander in ein Furnier einlassen.

### 4.3.4  Positiv und Negativ

Eine weitere Möglichkeit ist das Arbeiten mit 2 übereinander gelegten Furniersorten. So erhält man das gleiche Bild zweimal, aber in verschiedener Farbstellung.

Bei dieser Vorgehensweise sollte man jedoch 2 einfach zu schneidende Furniersorten nehmen, besonders das unten liegende. Eiche, Kiefer oder Zebrano z.B. wären nicht empfehlenswert, da der Schnitt dann zu leicht aus der Richtung läuft, ohne dass man es sieht. Auch Maserfurniere sind nicht immer einfach.

Bei untenliegenden harten Furnieren wie Wenge, Königsholz, Cocobolo oder Makassar würde eine Kontur erst kaum oder gar nicht sichtbar sein, wenn das Teil aus dem obenliegenden Furnier herausgeschnitten ist.
Bei Furnieren mit ausgeprägt unterschiedlicher Farbzeichnung (z.B. Königsholz, Zebrano, Fineline-Furniere) sind die Schnittmarken sehr schwer zu erkennen.

Hier liegt das hellere Furnier oben. Es empfiehlt sich jedoch, dieses nach unten zu legen. Lediglich die Teile aus dem oberen Furnier werden meist ganz durchschnitten, die unteren nur durch die Schnittlinie markiert. Sie werden erst später ganz herausgeschnitten und die Schnittmarken sind auf hellerem Furnier besser zu sehen.

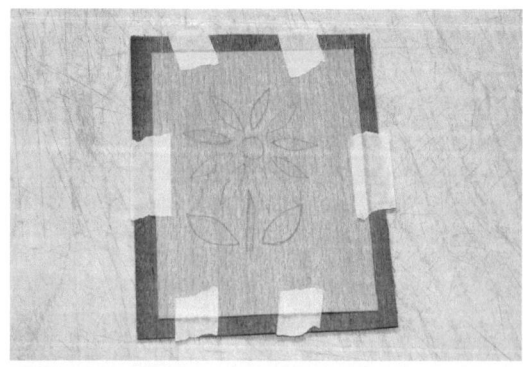

Für diese Arbeit wählt man am besten Furniere mit hohem Kontrast, hier Buche und Sapeli.
Das Motiv wird auf das obere Furnier gezeichnet, beide Furniere miteinander fest verbunden. Dafür sollte das untere größer sein.

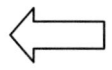

Die einzelnen Teile werden ausgeschnitten. Erst wenn das ausgeschnittenen Teil sich aus dem oberen Furnier herauslösen lässt, ist gewährleistet, dass die Schnittkonturen auf dem unteren Furnier auch zu sehen sind. Die Einzelteile bleiben aber bis zum Schluss an ihrer Stelle liegen.

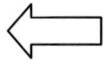

Sind beim oberen Furnier alle Teile herausgeschnitten, kann es vom unteren gelöst werden. Nicht anheben, damit die Teile nicht herausfallen! Beim unteren Furnier sind jetzt deutlich die Schnittlinien zu sehen, die man zum völligen Heraustrennen der Teile nach schneiden muss.

Jeweils die gleichen Teile werden bei den beiden Intarsien herausgelöst und gewechselt. Sollen die beiden Motive später wie ein Spiegelbild zueinander stehen, muss das eine Furnierblatt vorher umgedreht werden, also praktisch die Rückseite nach vorne. Dann müssen natürlich anschließend auch die Einzelteile einmal gedreht werden, bevor sie das Furnier wechseln.

Wenn alle Teile getauscht und auf der Vorderseite befestigt sind, können die Bilder umgedreht werden, um das Ergebnis zu begutachten.

### 4.3.5 Arbeiten Freihand ohne Vorlage

Diese Technik verwende ich besonders gern, in den meisten Fällen bestehen diese Bilder fast ausschließlich aus Maserfurnieren oder Furnieren mit ausgeprägter Zeichnung oder Farben.
Hier kann man mit Recht behaupten: **das Furnier bestimmt das Bild.**

Bei diesen Bildern beginne ich immer mit dem Hintergrund. Wenn der fertig ist, kommen die Einzelheiten. Das gesamte Bild fügt sich erst während der Arbeit daran im Kopf zusammen. Erst zu diesem Zeitpunkt entscheide ich auch, welche Furniere ich verwende. Ist der Hintergrund fertig, werden mit Bleistift die einzubringenden Motive aufgezeichnet.
Natürlich kann man auch ein Bild vorher planen und die Furniere schon festlegen.
Dabei kann ich in einem Bild auch verschiedene Methoden verwenden. Erst ausschneiden und dann die Konturen füllen oder erst das Motiv herstellen und dann in den Hintergrund einfügen.

Manchmal kann der Hintergrund aus nur einem Blatt Furnier bestehen, das alleine schon ein Bild ergibt dem nur noch Einzelheiten fehlen, wie das Bild mit dem Boot auf dem Umschlagdeckel (lediglich der Himmel aus Birke Maser Furnier wurde hinzugefügt) oder das folgende Bild mit den Bäumen. Beide Bilder sind auf einem Untergrund aus Satin Nuss (Red Gum) entstanden, wobei das eine Blatt für mich eindeutig einen Strand zeigt, das zweite von den Konturen her einen Flusslauf, dem nur noch das Ufer fehlte.

Oder der Hintergrund besteht aus mehreren verschiedenen Furnieren, die anhand ihrer Maserung oder Farbe dazu auffordern, wie z.B. die beiden Bilder mit den Landschaften unter dem Kapitel „Messerhaltung" oder die Landschaft und das Fenster auf der nächsten Seite.

Für diese Bilder kann man schlecht eine Anleitung geben. Das Furnier ist da und man lässt es auf sich wirken.
Manchmal nimmt man ein Furnier ein Dutzend Mal in die Hand und es fällt einem nichts dazu ein. Beim dreizehnten Mal genügt ein Blick, und die Eingebung ist da.

Bei einem Bild wie dem Fenster fertige ich allerdings erst das Fenster selber, um es dann immer wieder auf meinen Untergrund zu legen und die Anordnung der Einzelheiten zu bestimmen.

## 4.3.6 Die Kreuzfuge

Die Kreuzfuge wird häufig bei Maserfurnieren angewendet, aber auch bei blumigen und streifigen Furnieren kann man schöne Effekte erzielen. Kreuzfuge deshalb, weil 4 Blätter nach ihrer Maserung ausgerichtet (Furnierblätter werden jeweils um 90° gedreht) aneinandergefügt werden.

Das faszinierende an dieser Technik ist, dass mit 4 gleichen Furnierausschnitten 4 verschiedene Bilder gelegt werden können.

Hier ein Beispiel der Möglichkeiten anhand 4 Stücken Vavona Maser Furnier.

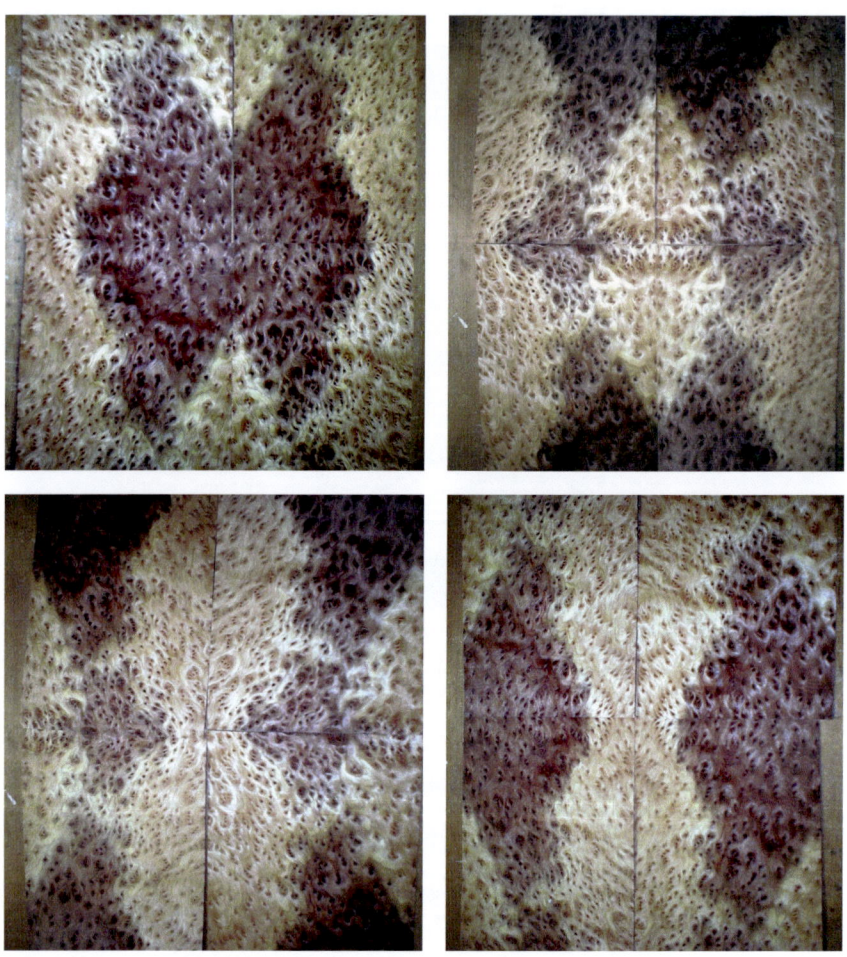

Um sich den gewünschten Ausschnitt für seine Kreuzfuge aus dem Furnierblatt herauszusuchen, kann man einen Kreuzfugenspiegel benutzen. Das sind 2 Spiegelstreifen, die im 90°-Winkel verbunden sind und den Furnierausschnitt als Kreuzfuge spiegelt. Er ist auch leicht selber herzustellen.

**Tipp:** Wenn ich sehr große Blätter Furnier habe, aber nur einen kleinen Ausschnitt brauche, mache ich davon ein Foto, lade es auf den PC und „schneide" mir dort ein Stücke heraus, von dem die Maserung mich besonders anspricht. Dieses Stück kopiere ich mir dann noch dreimal und 2 davon lasse ich vom Bildprogramm „spiegeln". So kann ich dann am PC entscheiden, welchen Abschnitt des großen Furnierblattes ich nehmen möchte, bevor ich das Furnier zerschneide und welche der 4 Möglichkeiten des fügens ich wähle.

Um ein kleineres Motiv in Form einer Kreuzfuge zusammen zu fügen, kann man sich wieder eine Zeichnung auf der Platte machen. Ein Rechteck/ Quadrat, das dann geviertelt wird. Im Prinzip habe ich nichts anderes gemacht, als ich das Zebrano Furnier an meine Raute angefügt habe (Seite 33).
Erst ein Viertel mit Klebeband auf der Schneidunterlage fixieren und zuschneiden, das nächste mit der Maserung passgenau darunter schieben und schneiden, anschließend das dritte und vierte.

Die Kreuzfuge kann natürlich auch noch erweitert werden zu einem „Radialfurnier". Radialfurnier wird durch eine besondere Schältechnik hergestellt, ähnlich wie dem Anspitzen eines Bleistifts, ist dann rund mit einem Schnitt, hat in der Mitte ein Loch und wird vorwiegend für Tischplatten genutzt.

Wer Geduld und genügend gleiche Furnierblätter hat, macht es sich selber, indem er sich einen Umriss auf die Platte zeichnet, ihn in viele Segmente einteilt (immer eine gerade Anzahl) und das Furnier nach und nach zusammenfügt wie eben beschrieben bei der Kreuzfuge.

Die Uhr aus Nussbaum Maser und die Platte des Blumenständers aus Ahorn Riegel auf der nächsten Seite bestehen aus 16 Einzelteilen.
Die Spitzen innen sind dann allerdings so dünn, dass bei Maserfurnieren auch keine Sicherung mit Klebeband mehr vor dem Abbrechen schützt, das Loch muss also von vornherein mit einkalkuliert werden.

# 5. Das Furnieren

## 5.1 Vor dem Furnieren

Vor dem Furnieren kann man nun sicherheitshalber noch einmal alle Nähte daraufhin überprüfen, ob sie geschlossen sind. Das geht am einfachsten, indem man das fertige Stück gegen das Licht betrachtet. Ansonsten bietet sich jetzt noch die Möglichkeit, eventuelle Korrekturen vorzunehmen.

Ist eine Naht im Faserverlauf sehr weit offen, kann man versuchen, aus dem gleichen Furnier  einen passenden Streifen einzufügen, bei schlichtem Furnier sieht man es später dann meist gar nicht mehr. Bei auffälliger Maserung wird es schon schwieriger.
Ist die Naht nur geringfügig offen, vertraut man besser darauf, dass sie bei Leimkontakt zu quillt, da sich Furnier durch Feuchtigkeit ausdehnt.

Geringfügig offene Nähte im Faserverlauf kann man auch durch einen kleinen Trick meist schließen. Ganz einfach, indem die Fasern leicht schräg zum Faserverlauf bis zur Kante des Furniers eingeschnitten werden (siehe Abbildung nächste Seite). Oder man legt beim Pressen ein leicht angefeuchtetes weißes Blatt Papier auf die Intarsie.

Die Einschnitte eignen sich besonders dann, wenn die Naht nicht durchgehend, sondern nur an einigen Stellen Lücken hat.
Hier nutzen wir die Eigenschaft des Holzes, sich besonders in der Breite bei Feuchtigkeit auszudehnen. Wenn das Furnier mit dem Leim oder feuchten Papier Kontakt hat, nimmt es die Feuchtigkeit auf und die offenen Nähte „quellen" zu.

Wenn in der Länge, also an der Hirnholzkante etwas fehlt, sollte man schon in Erwägung ziehen, das ganze Teil neu einzuschneiden, denn hier ist das Maß der Ausdehnung nur ein Bruchteil von dem in der Breite und die Wahrscheinlichkeit sehr gering, dass es funktioniert. Ein Nachbessern nach dem Pressen ist immer sichtbar.

Maserfurniere quellen meist wesentlich stärker und nach allen Richtungen als normale Furniere, daher sollte man allein auf die Feuchtigkeit des Leims vertrauen. Ansonsten könnte es schnell überschobene Fugen geben.

Einschnitte in das Furnier

## 5.2  Die Trägerplatte

Die Trägerplatte muss völlig eben, fett- und staubfrei sein. Selbst kleinste Unebenheiten oder Verschmutzungen können dazu führen, dass das Furnier an diesen Stellen nicht haftet. Die Quittung in Form von einer Beule, dem so genannten „Kürschner", erhält man dann spätestens beim Lackieren, wenn dem Furnier wieder Feuchtigkeit zugeführt wird.

Bei einer Massivholzplatte ist die Gefahr besonders groß. Sperrholz kann feine Ausrisse auf der Oberfläche aufweisen, dann noch einmal schleifen. Die besten Erfahrungen habe ich mit MDF-Platten (mitteldichte Faserplatte) gemacht, sei es im Hinblick auf Ebenheit, Furnierhaftung oder späterem Zuschnitt. Ihr Nachteil ist, dass sie sehr schwer sind.

Billigere und leichtere Spanplatten sind zwar ebenfalls von der Oberfläche her völlig eben, haben aber den Nachteil, dass sie aus sehr groben Spänen gepresst werden und die Kanten beim Zuschnitt dadurch leicht wegbrechen und damit auch das Furnier ausreißt.

Auf jeden Fall, gleich welcher Furnierträger verwendet wird, sollte man immer beim Zuschnitt eine feste Unterlage unter das Werkstück legen und mitschneiden, um weitestgehend zu verhindern, dass (hauptsächlich bei Querschnitten) die untere Seite ausreißt.

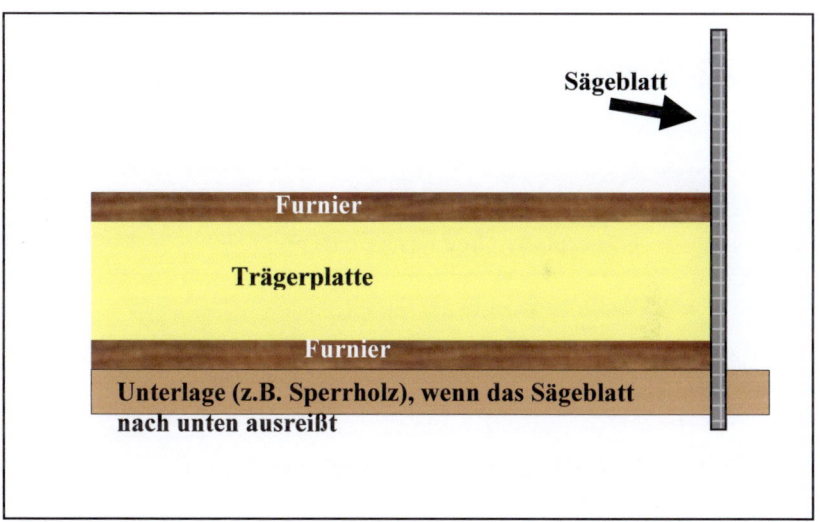

## 5.3  Furnierrichtung, Gegenzugfurnier, Blindfurnier

Wenn eine Platte furniert wird, muss dies immer von beiden Seiten geschehen. Ansonsten würde unsere Intarsie die Trägerplatte verziehen.
Dabei ist immer wichtig, dass die Faserrichtung des Furniers auf der Rückseite (das Gegenzugfurnier) die gleiche ist, wie der Faserverlauf des Grundfurniers auf der Vorderseite oder der überwiegende Faserverlauf unserer Intarsie.

Je nachdem, aus welchem Material die Trägerplatte besteht, ist auch die Faserrichtung des Furniers festgelegt.

Benutzt man Faser- oder Spanplatten, ist der Faserverlauf des Furniers egal.

Benutzt man Sperrholz-/ Schichtholzplatten, dann muss der Faserverlauf des Furniers 90° quer zur Faserrichtung des Sperrholzes verlaufen

Bei Vollholz ist der Verlauf der Faserrichtung von Trägerplatte und Furnier gleich.

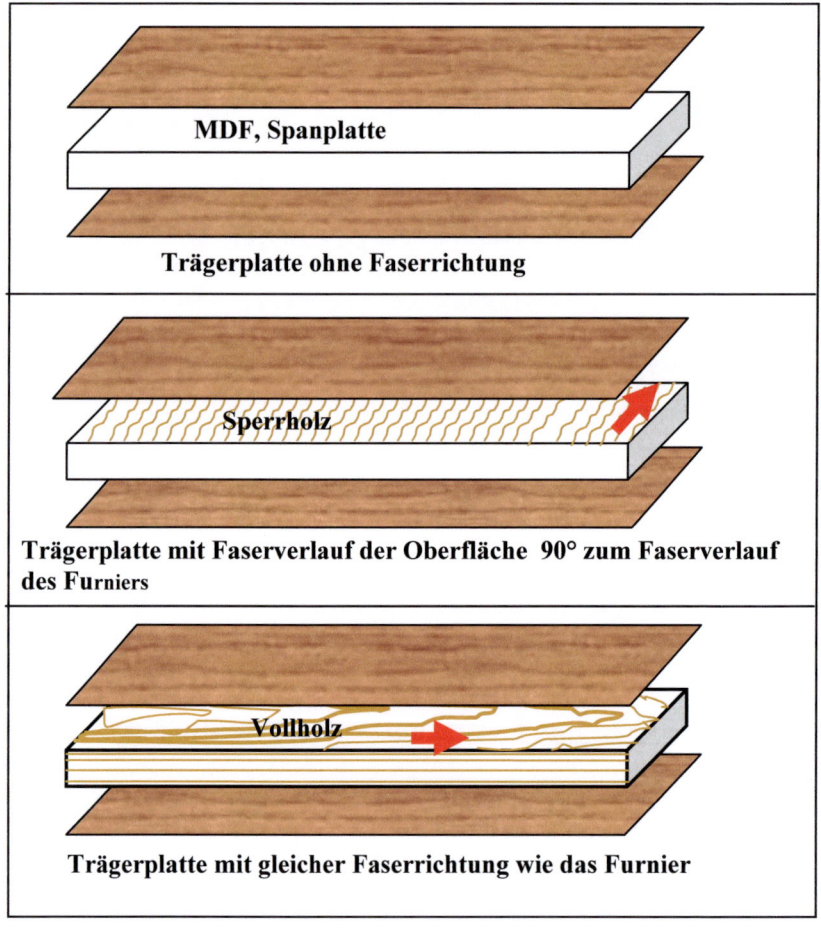

Verwendet man ein sehr helles Deckfurnier, z.B. Ahorn oder Birke, und eine dunkle Trägerplatte wie MDF oder Spanplatte, dann sollte man auf

die Platte vorher helles Blindfurnier/ Unterfurnier aufbringen, damit der Untergrund nicht durchschimmert, wenn das Furnier sehr dünn ist oder zu stark geschliffen wurde.

Blindfurnier verläuft 45° zur Faserrichtung der Trägerplatte und dem Furnier bei schlichten Furnierarbeiten.

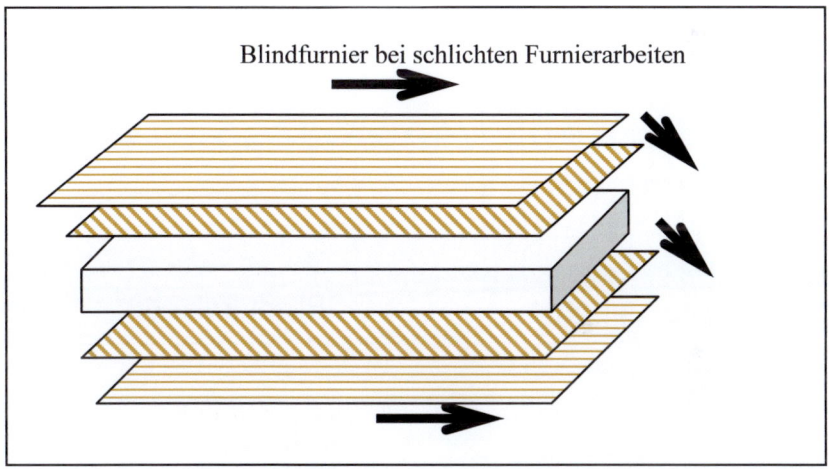

Blindfurnier bei schlichten Furnierarbeiten

Ebenso sollte man ein Blindfurnier aufbringen, wenn man Maserfurniere (insbesondere wellige) oder Intarsien/ Kreuzfugen aufleimt. Es schützt davor, dass Maserfurniere reißen oder bei Intarsienarbeiten Spannungen entstehen, die auch mal die Trägerplatte windschief werden lassen können.

Auf der folgenden Seite ist der Verlauf für Blindfurniere bei verschiedenen Arbeitsweisen aufgeführt.
Wichtig ist, das die Oberfläche des Blindfurniers wieder völlig plan und sauber ist, bevor das Furnierbild aufgeleimt wird! Es empfiehlt sich ein Furnier zu nehmen, das von Natur aus eine glatte, feinporige Oberfläche hat, z.B. Ahorn, Buche, Erle.

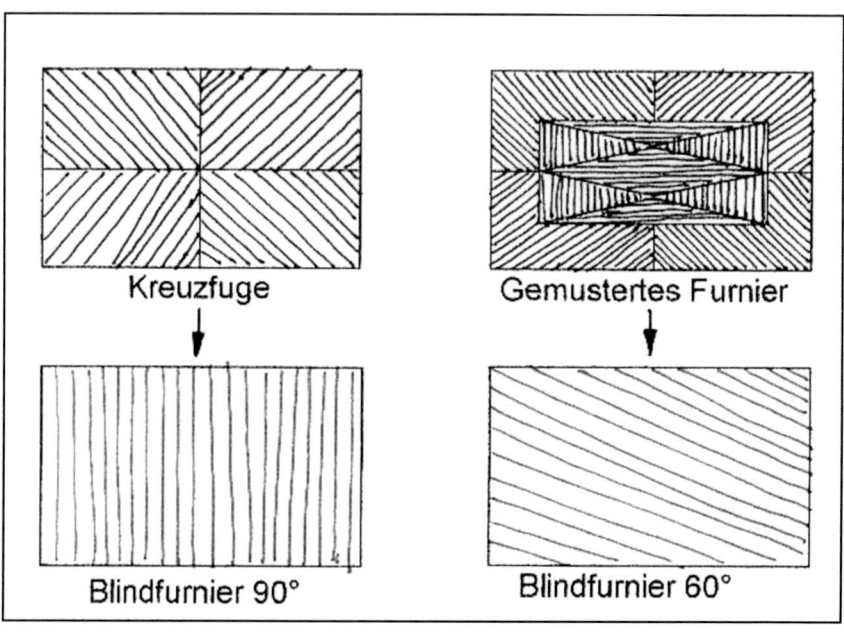

Kreuzfuge

Blindfurnier 90°

Gemustertes Furnier

Blindfurnier 60°

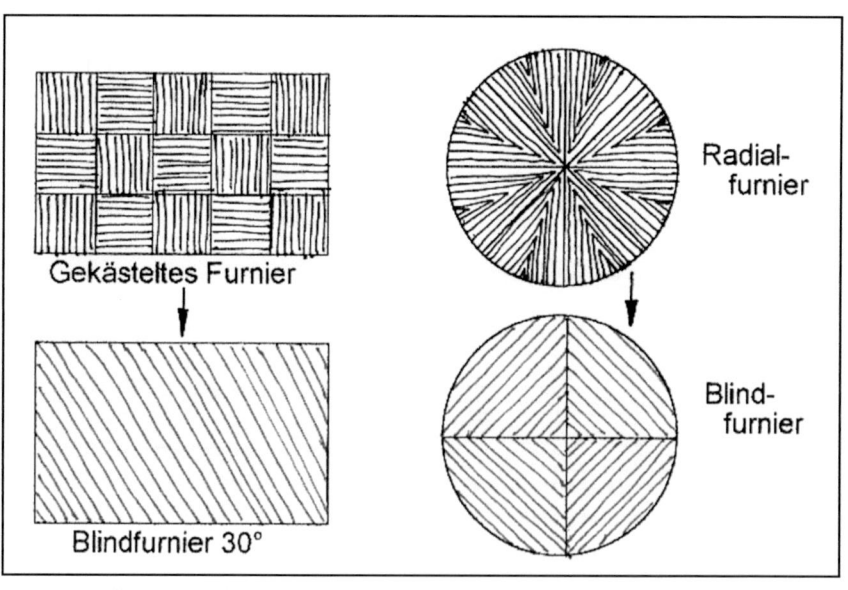

Gekästeltes Furnier

Blindfurnier 30°

Radial-
furnier

Blind-
furnier

## 5.4  Die Presse

Eine einfache Presse kann ohne viel Aufwand selbst hergestellt werden. Alles, was man dazu benötigt sind zwei stabile, dicke Platten, deren Oberfläche schnell gereinigt werden kann (z.B. beschichtete Spanplatten), mindestens 2 Schraubzwingen, mindestens 2 auf einer Seite leicht bogenförmige Kanthölzer (z. B. Dachlatten) sowie Zeitungen oder Moosgummi, um Unterschiede in der Furnierstärke auszugleichen.

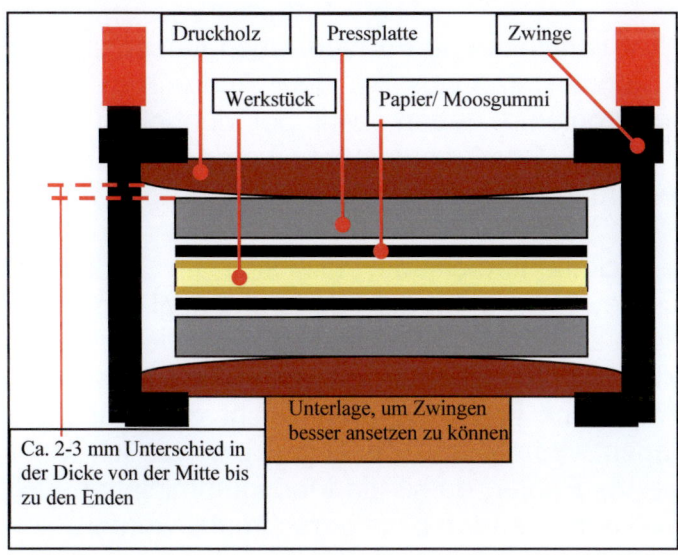

Wie groß die Platten sind, bleibt jedem selbst überlassen. Aber je größer, desto mehr Kanthölzer und Zwingen benötigt man. Meine Platten sind 50/60 cm und ich verwende zwei Sätze Hölzer/ Zwingen zum Andruck, wenn ich die volle Fläche nutze.

2 Druckhölzer unten und oben sind schon deshalb sinnvoll, weil die untere Platte dann sicher liegt und die Zwingen sich so leichter ansetzen lassen. Die Gefahr ist geringer, dass die Platten hin und her rutschen. Dabei kann dann leicht auch die Furnierarbeit auf der Trägerplatte verschoben werden.

Noch leichter, die Zwingen anzusetzen, ist es, wenn die unteren Druckhölzer noch auf einer höheren Unterlage liegen, damit die Enden frei sind. Ich benutze dafür eine kleine Klapp-Werkbank

Das die Kanthölzer an den Enden leicht abgeschrägt sind (ca. 2-3 mm), ist wichtig. Der Druck auf das Furnier sollte von der Mitte her nach außen erfolgen. Überschüssiger Leim wird dann an der Seite austreten. Aus diesem Grund darf die erste Zwinge, die an den Hölzern angesetzt wird, auch nicht sofort ganz angezogen werden. Die Druckplatten würden dann nur einseitig die Intarsie pressen.

**TIPP:** Da verschiedene Furniere auch verschiedene Stärken haben können, kann es bei dem Andruck mit den starren Platten Probleme geben, weil bei dünnerem Furnier hier nicht genug Druck ausgeübt werden kann und somit Fehlverleimungen auftreten. *(siehe Abbildung nächste Seite)*

Diese Dickenunterschiede, die sich im hundertstel mm-Bereich bewegen, kann man dadurch ausgleichen, dass man Zeitungen zwischen Platte und Werkstück legt.
Es sollte sich aber immer weißes Papier zwischen Zeitung und Werkstück befinden, damit nicht die Druckerschwärze übertragen wird. Anstatt Zeitungen benutze ich Moosgummi und weißes Papier, damit die Moosgummiplatten nicht durch eventuell austretenden Leim verschmutzt werden.

Bei Furnierarbeiten mit einem einzigen Furnier ist eine solche Zulage nicht notwendig.

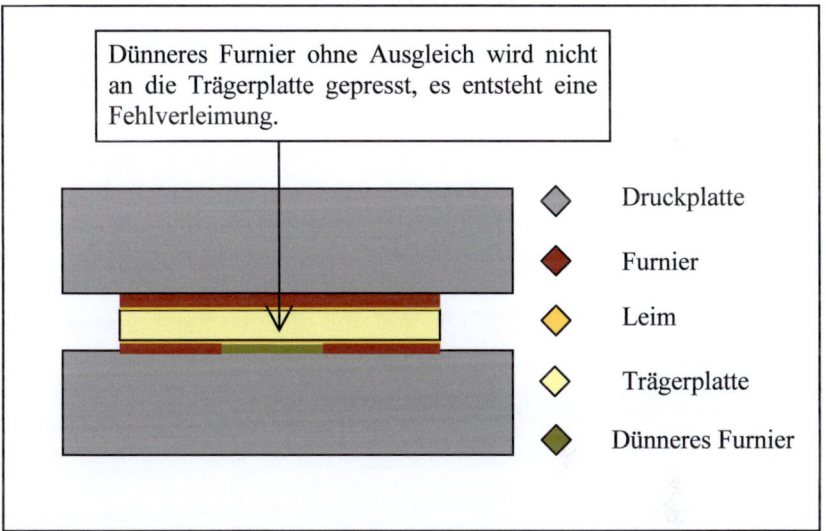

Dünneres Furnier ohne Ausgleich wird nicht an die Trägerplatte gepresst, es entsteht eine Fehlverleimung.

◇ Druckplatte

◆ Furnier

◇ Leim

◇ Trägerplatte

◆ Dünneres Furnier

## 5.5  Leimauftrag, pressen

Bevor man überhaupt daran denkt, Leim auf die Trägerplatte zu bringen, sollte alles nötige schon fertig vorbereitet sein. Ist der Leim aufgetragen, muss es schnell gehen. Sollte das Furnier zu lange mit dem Leim Kontakt haben, ohne dass es gepresst wird, wird es wellig, weil es die Feuchtigkeit aufnimmt.

- Untere Platte schon auf die Druckhölzer legen, Papier darauf, die zweite Platte, Papier, Gegenzugfurnier für die Rückseite, Hölzer und Zwingen bereit legen.
  Falls die Position der Trägerplatte noch auf der Intarsie markiert werden muss, ist jetzt die letzte Gelegenheit. Anschließend die Intarsie mit der Rückseite nach oben auf die Pressplatte legen.

- Mit der Schaumstoffrolle nun gleichmäßig Leim auf die Trägerplatte auftragen **(1)**. Die Platte mit der leimbestrichenen Seite auf die Intarsie legen und die andere Seite ebenfalls mit Leim versehen **(2)**.
  Vorsicht, die Platte darf auf der Intarsie nicht verrutschen, vor Auflegen des Gegenzugfurniers die Position der Platte auf der Intarsie noch einmal überprüfen!

- Das Gegenzugfurnier auflegen (Faserrichtung gleich der überwiegenden Faserrichtung der Intarsie) **(3)**, Papier oben drauf, die zweite Pressplatte auflegen, Druckhölzer über den anderen positionieren.
  Eine Zwinge an der einen Seite ansetzen, aber noch nicht fest anziehen. Die zweite Zwinge auf der anderen Seite ansetzen und anziehen. Die andere eventuell nachziehen.

Da dies nur eine kleine Intarsie ist, reicht es hier völlig aus, die Druckplatte einfach nur mit einer Zwinge anzuziehen. Die Zwinge sollte dann aber mittig über der Intarsie befestigt sein (4).

Nach ca. 1 Stunde kann das Werkstück wieder aus der Presse genommen werden. Der Leim ist dann gut angezogen, aber noch nicht durchgetrocknet. Das Werkstück sollte also noch nicht weiter bearbeitet werden, am besten eine Nacht liegen lassen
Ist die Intarsie mit Kreppband fixiert, sollte dies nun jedoch vorsichtig entfernt werden, da es jetzt einfacher geht.

Bei einigen Holzsorten kann es passieren, dass die Holzfasern am Klebeband haften und hochgerissen werden, wenn man es im Faserverlauf löst. Ganz besonders, wenn es nach dem Pressen noch lange auf dem Furnier verbleibt. Dann vorsichtig am anderen Ende anfangen oder das Klebeband seitlich lösen.
Sollte ein großer Span hochgerissen worden sein, dann kann man das mittels etwas Leim und dem Bügeleisen reparieren.

Fügband wird erst später beim Schleifvorgang entfernt. Es kann vollständig durch den Schliff entfernt oder leicht angefeuchtet und so fast vollständig z.B. mit einem Spachtel abgehoben werden, bevor man schleift.

**TIPP:** Wenn ich das Werkstück aus der Presse nehme und das Klebeband entfernt habe, gehe ich auf beiden Seiten mit dem Bügeleisen auf niedriger Stufe darüber, um eventuellen Fehlverleimungen vorzubeugen.
Allerdings nicht zu heiß und nicht zu lange auf einer Stelle, da sich das Furnier sonst zusammenzieht und die Nähte offen sind.
Sollten sich irgendwo Furniernähte überschoben haben, kann dies nun ebenfalls mit der Wärme des Bügeleisens behoben werden.

## 5.6 Erste Hilfe bei Furnierfehlern

Gleich nach dem Pressen ist auch die beste Zeit für „erste Hilfe", besonders wenn es sich um überschobene Fugen (siehe Bild unten) handelt. Hier benötigen wir unser Bügeleisen.
Der normale Vorgang wäre, das überstehende Furnier vorsichtig abzuschneiden, die Kante des Furnierstücks anzuheben, das oben lag, Leim darunter zu geben und wieder zu pressen.

Mit unserem Bügeleisen nutzen wir die Eigenschaft von Holz, sich bei Wärme (Trocknung) zusammenzuziehen. Vorsichtig nur mit der Spitze auf dem überschobenen Furnier entlanggehen. Bei kleinen Überlappungen ist das in den meisten Fällen erfolgreich. Da der Leim noch nicht völlig durchgehärtet ist, ist das Furnier hinterher auch fest.

Sollte es mal nicht ganz funktionieren, kann immer noch vorsichtig nachgeschnitten werden. Hat man für seine Arbeit das Schnitzmesserset wie auf dem Foto Seite 3 abgebildet, bietet sich dafür auch die eckige Klinge im Kasten ganz links an. Sie ist nur vorne scharf geschliffen und man kann sie vorsichtig über die überlappende Naht schieben, um das überstehende Furnier zu entfernen wie mit einem Hobel. Dabei die Klinge immer schräg führen, mit der Schneide zum untenliegenden Furnier gerichtet. So vermeidet man, das überlappende Furnier eventuell noch mehr anzuheben und dadurch zuviel abzuschneiden.

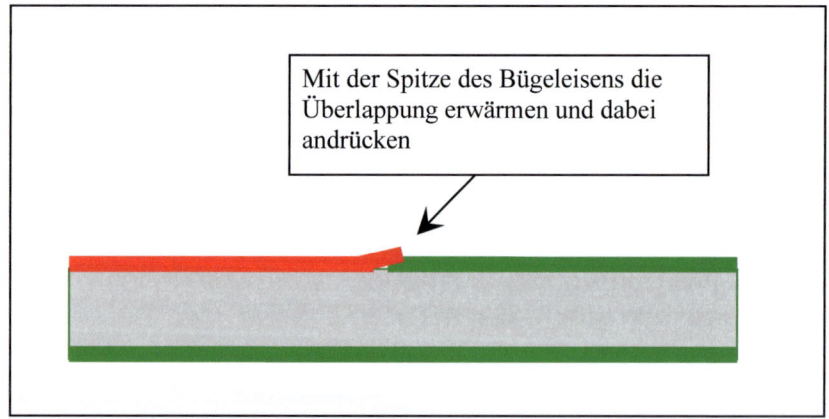

Mit der Spitze des Bügeleisens die Überlappung erwärmen und dabei andrücken

Sollten noch irgendwo offene Stellen sein, kann man so auch kleine Stücke einsetzen. Dann sollte allerdings vorher Leim untergegeben werden. Eine zweite Möglichkeit ist, Schleifstaub mit ein wenig Leim zu mischen und in die Lücken einzuarbeiten.

## 5.7 Furnierfehler

Furnierfehler treten aus verschiedenen Gründen immer mal wieder auf, aber es gibt meistens Möglichkeiten, sie zu beseitigen oder zumindest künftig zu vermeiden.

### Kürschner, Fehlverleimung

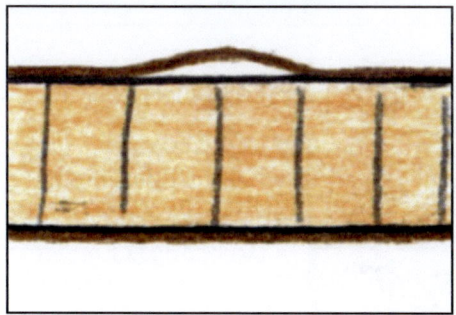

**Mögl. Ursache:**
- Vertiefung in der Trägerplatte
- Kein oder zu wenig Leim
- Verschmutzte Platte
- Ungleich dickes Furnier (vermessert, auch in einem Blatt)

*(\*) mehr am Ende dieser Auflistung*

| Beseitigung: | Vermeidung: |
|---|---|
| • Kürschner aufschneiden, Furnier anheben, Leim eindrücken, nachpressen | • Trägerplatte säubern und eben schleifen<br>• Gleichmäßiger Leimauftrag<br>• Furnierdicke überprüfen |

# Leimwülste

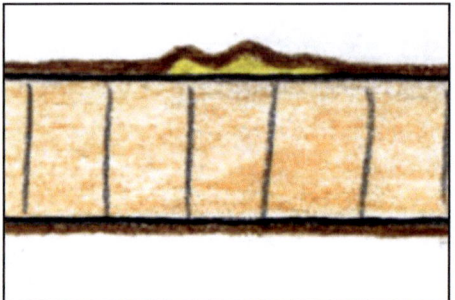

**Mögl. Ursache:**
- Zu viel Leim
- Leim zu dickflüssig
- Ungleichmäßiger Leimauftrag
- Pressdruck von außen nach innen

| Beseitigung: | Vermeidung: |
|---|---|
| • Wenn der Leim noch nicht ausgehärtet ist, noch mal nachpressen oder mit dem Bügeleisen versuchen | • Leim dünnflüssiger verwenden<br>• Gleichmäßiger Auftrag<br>• Furnier von innen nach außen aufpressen (abgerundete Druckhölzer) |

## Leimdurchschlag

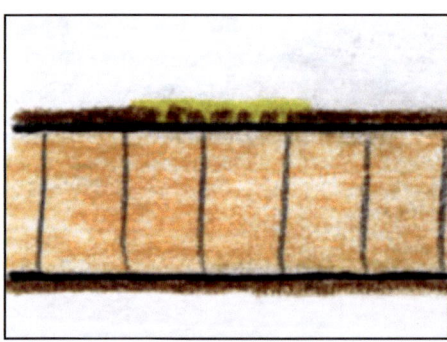

**Mögl. Ursache:**
- Leim zu dünnflüssig
- Zu viel Leim
- Grobporiges Furnier

| Beseitigung: | Vermeidung: |
|---|---|
| • Bei wasserlöslichem Leim sofort mit warmen Wasser ausbürsten | • Leim dickflüssiger verwenden |

## Offene oder überschobene Fuge

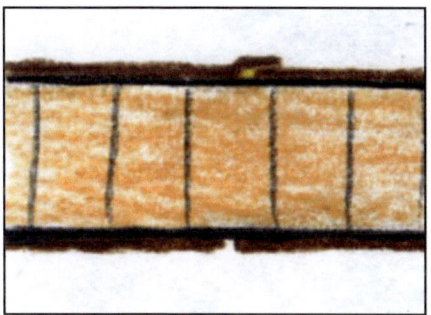

**Mögl. Ursache:**
- Fehler beim Fügen
- Fehler beim Zusammenkleben
- Welliges Furnier
- Zu frühes Auflegen auf die beleimte Trägerplatte

| Beseitigung: | Vermeidung: |
|---|---|
| • Offene Fuge mit gleichem Furnier ausleimen<br>• Überschobene Fuge nach schneiden, evtl. beleimen und nachpressen<br>• Mit dem Bügeleisen behandeln | • Welliges Furnier anfeuchten und ebenpressen (Papier zur Aufnahme der Feuchtigkeit dazwischen)<br>• Furnier erst kurz vor dem Pressen auflegen |

## Eindruckstellen

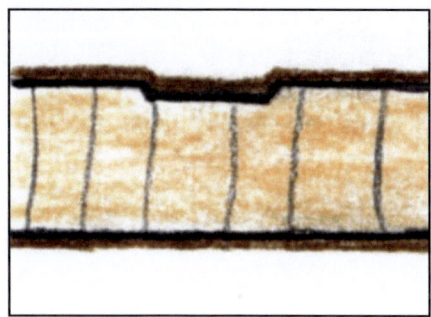

**Mögl. Ursache:**
- Druckzulage nicht sauber
- Übersehener Furnierrest auf der Intarsie

| Beseitigung: | Vermeidung: |
|---|---|
| Mit warmen Wasser versuchen, die Vertiefung hochzuquellen, auch mit Hilfe des warmen Bügeleisens | • Druckplatten vor dem Auflegen überprüfen und z.B. alte Leimreste entfernen<br>• Intarsie vor dem Pressen säubern |

## Risse im Furnier

**Mögl. Ursache:**
- Zu frühes Auflegen auf die Trägerplatte
- Welliges Furnier
- Hirnenden nicht mit Klebeband gesichert
- Furnier zu feucht

| Beseitigung: | Vermeidung: |
|---|---|
| • Gleiches Furnier einpassen und einleimen<br>• Feine Risse evtl. auskitten | • Welliges Furnier vor dem Auflegen ebenpressen<br>• Trockene Furniere verwenden Geringerer Wasseranteil im Leim |

## Verschieben des Furniers beim Pressen

**Mögl. Ursache:**
- Pressplatte beim Auflegen verschoben
- Ungleicher Druck beimPressen
- Dicker Leimfilm

| Nicht mehr möglich | Nach auflegen der Platte kurz mit einer Zwinge gegen verschieben sichern, bis die ersten Druckhölzer fest sind |
|---|---|

## Verfärbung des Furniers

**Mögl. Ursache:**
- Zu lange Presszeit
- Verfärbung durch Trennmittel oder Aufdrucke auf Trägerplatten

| Beseitigung: | Vermeidung: |
|---|---|
| • Schleifen<br>• gegebenenfalls durch bleichen oder beizen | • schneller abbindende Klebstoffe verwenden |

# Durchscheinen durch das Furnier

**Mögl. Ursache:**

- Zu dünne helle Furniere auf dunkler Trägerplatte
- Beschriftung auf Furnier oder Trägerplatte

| Beseitigung: | Vermeidung: |
|---|---|
| • Durch Schleifen wird der Fehler noch schlimmer<br>• Eventuell dunkler beizen | • Beschriftungen auf Furnier oder Trägerplatte entfernen<br>• Bei helleren Furnieren (z.B. Ahorn) Trägerplatte zuvor Blindfurnieren |

## (*) Kürschner/ Fehlverleimungen:

Sollten Furnierblätter aus einem Buch immer im gleichen Abschnitt des Blattes nicht mit der Trägerplatte verleimt sein, kann davon ausgegangen werden, dass es vermessert ist. Die Unterschiede in der Dicke lassen sich nur mit einem Messschieber feststellen.

Ich besitze mehrere Bücher Buchefurnier, deren Querschnitt im Hirnholz in etwa so aussieht:

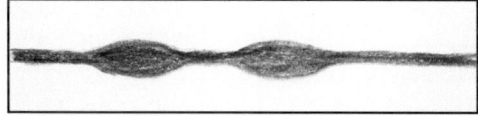

In den "Tälern" der Fasern kann das Furnier trotz Druck keinen Kontakt zu Leim/ Trägerplatte herstellen, weil die Verdickungen oben und unten immer genau gegenüber sind und das dünnere Furnier dazwischen in der Luft hängt.

Leider stellt man es meist erst fest, wenn das verleimte Furnier erneut mit Feuchtigkeit, dem Lack, in Berührung kommt. Dann dehnen sich die nicht verleimten Abschnitte aus und es entstehen Beulen.

Dieses Furnier ist weder als Blind-, noch als Gegenzugfurnier zu gebrauchen (Gegenzugfurnier allenfalls, wenn die Seite nie zu sehen ist). Verwendbar ist es lediglich noch als Grundfurnier, das später wegfällt wie bei dem Kreisförmigen Muster im Buch.

Manchmal lassen sich kleine Kürschner auch noch nach der Lackierung beseitigen, indem man kurz die heiße Bügeleisenspitze darauf hält, damit das Furnier sich zusammenzieht. Die meisten Lacke können dies vertragen (vorher ausprobieren), es funktioniert jedoch nicht bei vermessertem Furnier.

# 6.  Die Seiten

## 6.1 Anleimer anbringen

Wenn bei dem Werkstück später die Seiten zu sehen sind, wäre es angebracht, einen Anleimer aus Furnier aufzubringen. Es gibt Echtholz-Anleimer in verschiedenen Holzarten zu kaufen, die schon mit Schmelzkleber beschichtet sind und mit dem Bügeleisen aufgebügelt werden.

Ebenso gut kann man aber Streifen von seinem Furnier nehmen und diese mit Leim aufbügeln. Der Vorteil ist, dass zum einen die Farbe der Kante mit der Farbe des anderen Furniers übereinstimmt, zum anderen, dass so auch mehrere Lagen übereinander angebracht werden können, falls das Werkstück später an den Kanten gerundet werden soll. Schmelzkleber löst sich wieder, wenn man erneut mit Wärme darauf einwirkt. Mit ein wenig Übung kann man so auch abgerundete Kanten mit einem Anleimer versehen.

In der Regel werden Anleimer vor dem Furnieren der Trägerplatte an den Seiten angebracht, der Plattenfläche angeglichen und dann mit überfurniert.
Ich ziehe es in der Regel vor, den Seitenanleimer nach der Flächenfurnierung anzubringen, außer bei Holzleisten.
Die Anleimer vorher anzubringen bedeutet, dass anschließend der Überstand sauber und exakt entfernt werden muss, ebenso wie hervorgequollener Leim.
Mit einer Feile ist dies schlecht zu bewerktelligen, leicht werden dann die Plattenkanten unmerklich angeschrägt. Selbst wenn dies nur auf Stärke

des Furnierstreifens ist, findet das Deckfurnier hier, direkt an der Kante, später keinen Halt. Die Kante ist jedoch das wichtigste, denn dort kann sonst leicht etwas abbrechen.

Für Kantenanleimer ist es nötig, dass die Seitenflächen eben sind und auch der eventuell hervorgequollene Leim vom Pressen restlos entfernt ist. Also muss die Platte nun auf Maß geschnitten oder, falls sie das schon ist, überstehendes Furnier und hervorgequollene Leimreste  entfernt werden.

Dafür die Platte auf die Unterlage legen, die zu schneidende Seite nach unten, fest andrücken und das Furnier abschneiden. Man beginnt immer mit der Hirnholzseite um zu vermeiden, dass das Furnier am Ende des

Schnittes von der Trägerplatte gerissen wird.

Dies wird verhindert, weil die Langholzseiten noch über den Plattenrand hinausragen.

Wenn alles überstehende Furnier abgeschnitten ist, die Seiten noch einmal überprüfen, ob aller hervorgequollener Leim entfernt ist.

Für das Furnieren der Kanten nehmen wir wieder unser Bügeleisen, diesmal darf es auf höchster Stufe stehen.
Furnierstreifen länger und breiter zuschneiden als benötigt.

Die Plattenkante mit Leim bestreichen, dabei ganz besonders auf die äußersten Kanten achten.

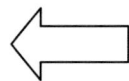

Den Furnierstreifen auflegen und mit dem heißen Bügeleisen anpressen.
Wenn es eine lange Seite ist, sollte der Furnierstreifen dort, wo das Bügeleisen noch nicht hinkommt, etwas angehoben werden, damit er nicht mit dem Leim in Kontakt kommt.

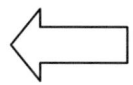

Auch immer mal mit schräg angesetztem Bügeleisen und Druck über die äußersten Kanten streichen, damit diese wirklich fest sind.

Auf der gegenüber liegenden Kante das gleiche Vorgehen.

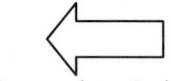

Wenn der Leim völlig ausgehärtet ist, können die überstehenden Enden an den Ecken bündig mit der Plattenkante abgeschnitten und die anderen beiden Seiten mit einem Anleimer versehen werden.

Dabei darauf achten, ob an den Enden der Seiten Leim ausgetreten ist. Der muss dann zuerst wieder entfernt werden. Das geht am besten mit einer Feile. Sie muss dann flach (um die Ecke nicht abzurunden) von der

Ecke Richtung Seitenfläche geführt werden, damit der Furnierstreifen nicht losgerissen wird.

Die Anleimer können auch aufgebügelt werden, wenn das Werkstück liegt. Dann lässt man die Kante des Werkstücks über die Tischkante schauen, damit ungehindert mit dem Bügeleisen gearbeitet werden kann. Ab der 2. Seite sollte jedoch etwas unter unser Werkstück gelegt werden (siehe Kapitel 6.2, Seiten säubern), damit die schon angebrachten Furnierstreifen in der Luft hängen und nicht abbrechen.

Möchte man eine stärkere Holzkante haben, weil die Kanten später gerundet werden sollen, kann man mehrere Streifen übereinander aufbügeln. Auch in verschiedenen Farben wie auf dem nächsten Foto.

## 6.2  Seiten säubern

Hat das Werkstück einen Anleimer bekommen, müssen bei diesem als erstes die überstehenden Furnierkanten gesäubert werden. Dazu benötigen wir die Feile, die horizontal und vertikal leicht schräg über die Kante gezogen wird, aber immer mit Schub auf die Innenfläche des Bildes zu. Ansonsten würde der Anleimer nach außen hin weg brechen.

Sind mehrere Anleimer übereinander aufgebracht worden, wird es mit dem Feilen schon schwieriger. Wenn man keinen Hobel hat, um die Furnierstreifen bis kurz vor die Werkstückfläche abzuhobeln, müssen sie auch in der Länge erst einmal grob mit dem Messer abgeschnitten werden. Dabei so verfahren wie beim Schneiden der überstehenden Anleimer an der Ecke. Nun kann man den Rest auch mit der Feile bewältigen.

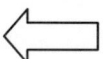

Das Werkstück nicht direkt auf die Unterlage legen, die überstehenden Anleimer an der Unterseite würden dann abbrechen.

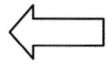

Die seitliche Bewegung sollte immer in die Richtung gehen, in die auch die Fasern des Holzes auf die Anleimerkante zu, also aus dem Furnier herauslaufen. Da der Faserverlauf nicht immer schnurgerade ist, würde man sonst das Furnier auseinander reißen. Bei dieser Kante läuft das Furnier von rechts nach links, also beginne ich auch von rechts zu feilen.

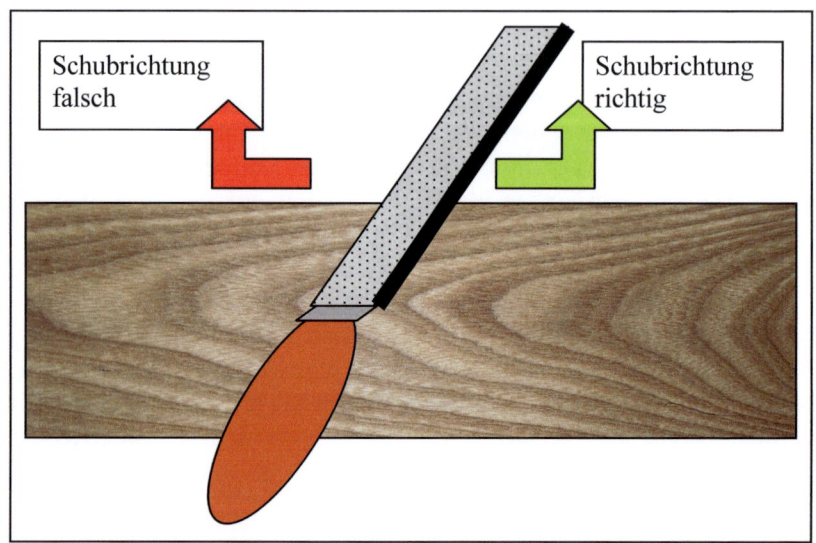

Sind die Seiten nicht sichtbar, z.B. weil das Bild in einen Rahmen kommt, erübrigt sich ein Anleimer und es reicht, das über den Plattenrand hinausragende Furnier abzuschneiden.

Wurde die Grundplatte schon vor dem Furnieren auf Endgröße geschnitten, kann dies mit dem Messer geschehen. Immer nur auf der Seite das Furnier abschneiden, die auf der Grundplatte aufliegt.
Ist das Werkstück noch nicht auf Endgröße, wird dieser Schritt automatisch mit dem Zuschnitt durchgeführt. Dabei darauf achten, zu welcher Seite die Handsäge oder elektrische Säge (Kappsäge, Stichsäge) den Schnitt ausreißt. Bei der Kappsäge nach unten, normale Feinsäge nach unten (arbeitet auf Schub, wenn sie also vorwärts geschoben wird), japanische Feinsäge nach oben (arbeitet auf Zug, wenn sie zurückgezogen wird).

Bei der gefährdeten Seite eine Platte fest drauf oder drunter legen, um besonders beim Hirnholz das Ausreißen zu verhindern (siehe Bild unter **5.2** „Die Trägerplatte"). Bei Handsägen mit feiner Zahnung ist das nicht unbedingt nötig.

## 7. Schleifen

Ist die Kante gesäubert, wird das Werkstück geschliffen. Wenn kein Schwingschleifer oder ähnliches zur Verfügung steht, nimmt man einen Schleifklotz, z.B. aus Kork (in jedem Baumarkt zu erhalten) und Schleifpapier.
Für den ersten Schliff wird das Papier etwas gröber gewählt, Körnung 100 – 120. Die Kanten sollten auf alle Fälle per Hand geschliffen werden.

Anschließend mit feinerem Schleifpapier (180, 240) nachschleifen.

Das eventuell benutzte Fügband muss vollständig abgeschliffen werden! Besonders bei hellem Furnier sieht man schlecht, ob auch der letzte Rest entfernt wurde.

Geschliffen wird immer in Faserrichtung des Furniers (grüner Pfeil) und es darf niemals die Kante des Schleifpapiers nach vorne genommen werden (rotes Kreuz), sie könnte sich an Holzspänen in der Fläche oder an der Kante verhaken und diese ausreißen.

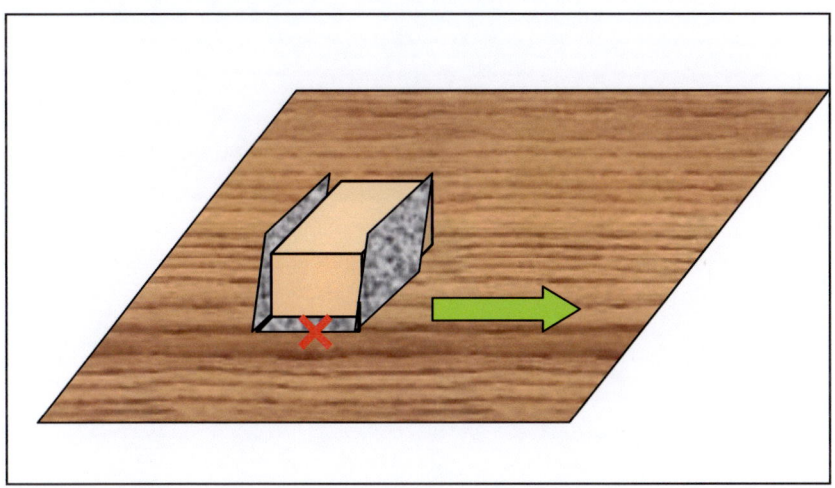

Nach dem Schleifen der Fläche und der Seiten müssen die Kanten gebrochen werden. Das heißt, sie werden ebenfalls mit Schleifpapier geschliffen (leicht abrunden), damit sie nicht so scharfkantig sind.

Abgesehen davon, dass sonst die Gefahr besteht, dass sich mal ein Splitter irgendwo verhakt und ausbricht, hält auf einer scharfen Kante auch kein Lack. Dabei den Schleifklotz schräg nur über die Kante führen.

Diese Arbeit sollte nicht mit einer Maschine ausgeführt werden. Eine solche dünne Ecke ist schneller bis zur Trägerplatte abgeschliffen als wenn man eine Maschine auf eine Fläche aufsetzt.

Nun kann die Endbehandlung folgen. Von allem Staub reinigen und wachsen, ölen oder lackieren.

# Eigene Notizen

# Eigene Notizen

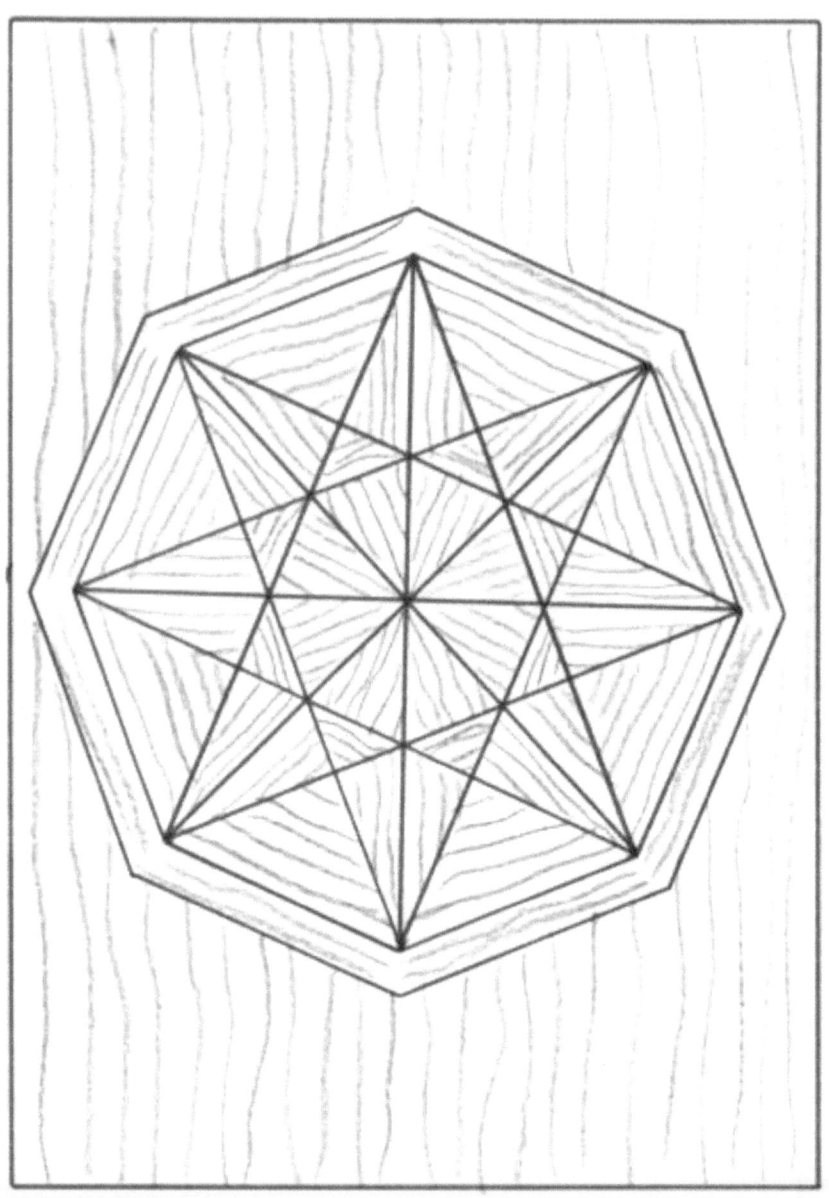

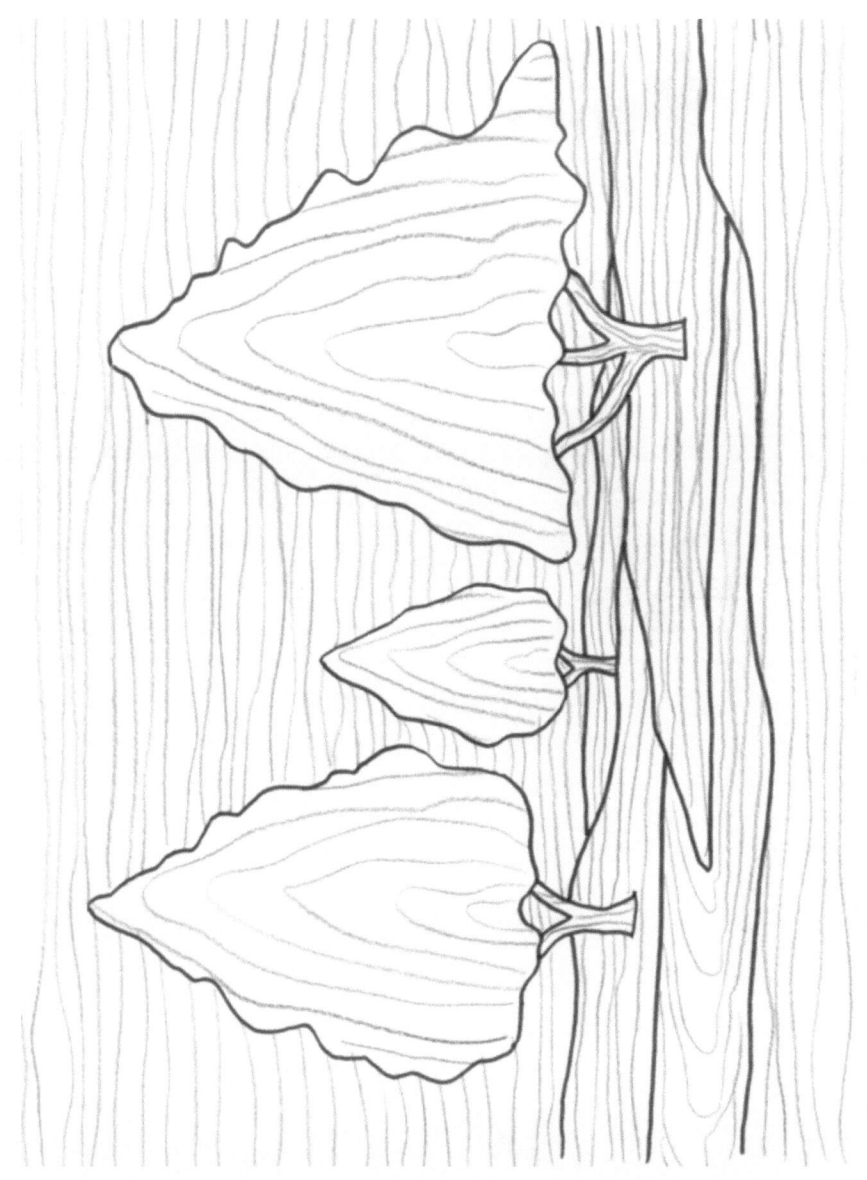